Micro Economics

ミクロ経済学の
楽々問題演習

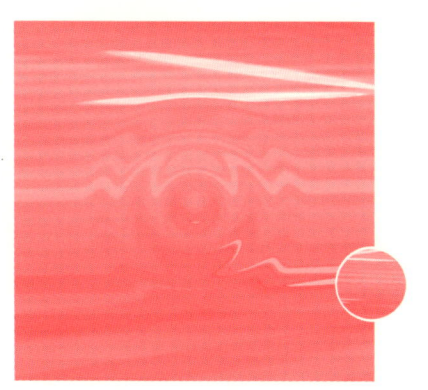

滝川好夫 [著]

税務経理協会

序　文

Ⅰ　本書のPR

　大学の学部編入学，大学院，公務員，公認会計士，国税専門官，不動産鑑定士，証券アナリストなどの試験を受けようとしている学生に，「何か良い問題集はありませんか」としばしば尋ねられます。「問題集なら過去問を取り扱っている本がたくさん出版されているのでは」と答えていましたが，書店に行って，そのタイプの問題集を見ますと，どれも過去に実際に出題された問題に，解答＆解答の解説を行ってはいるのですが，問題が整理されずにばらばらに掲載され，同じ類いの問題が繰り返し出題されているのです。これらのタイプの本で問題演習していては，きわめて無駄が多いのではと感じました。また，問題演習を中心に受験勉強している人には問題の掲載が体系的でないだけに「理解できないまま暗記せざるをえないのでは」と心配になりました。そこで，限られた時間で無駄なく問題演習ができるように，また問題演習を中心に受験勉強している人にとっては，問題を解きながら体系的に経済学を理解できるように書き上げたのが本書です。

Ⅱ　本書の特徴と使用法

　本書は，経済学の試験に合格することを目標に書かれた，ミクロ経済学の標準問題集です。その特徴と使用法は次の3点です。

(1)　**試験問題の基本パターンを網羅した問題集**
　これまでの問題集は過去問を整理することなく，ただ並べただけのものでした。ですから，同じような問題が繰り返し掲載され，過去には出ていなかった

ものの，これから出題されるかもしれない重要な問題が掲載されていませんでした。時間が十分あれば，同種の問題であっても，いろいろなパターンを演習することは価値あるかもしれませんが，大半の受験者は限られた時間の中で，複数科目の受験準備をしなければならず，経済学の学習，その中でも問題演習に費やすことのできる時間は限られているように思えます。本書は過去問を踏まえた上で，試験問題の基本パターンを網羅しています。各基本パターンについては1問のみ出題していますので，限られた時間で無駄なく受験勉強できます。すべての問題を解けるようにしましょう。

(2) 「整理して暗記する」ための問題集

　本書は「整理して暗記する」ための問題集であるので，問題の順番，問いの順番がストーリーになっています。整理して暗記するためには，本書の問題・問いを順番通りに演習して下さい。1つの問題を理解できれば次の問題に進み，理解できなければ前の問題に戻って下さい。

(3) 「数学マニュアル」のついた問題集

　経済学の試験に合格するためには，ある程度の数学（とりわけ微分）の知識が必要です。短時間で経済学の受験勉強をするときに，数学を学んでいる時間はありません。本書では，経済学の試験に合格するのに必要な最低限の数学知識だけを「数学マニュアル」として整理しています。

2006年10月

神戸大学大学院経済学研究科　滝川好夫

（付　記）

　税務経理協会の書籍企画部の武田力氏には，本書の企図を理解していただき，出版の機会を得られたことを，ここに記して感謝の意を表します。

目次
CONTENTS

序　文

Introduction　問題演習のための数学マニュアル　　1

Chapter I　消費者行動理論の基礎　　9

　I　消費者行動理論の構造 …………………………………………10
　　　問題1-1　消費者行動理論の構造 ………………………12
　II　効用関数と選好関係・無差別曲線……………………………17
　　　問題1-2　1つの財の効用と限界効用 …………………17
　　　問題1-3　2つの財の効用，限界効用および限界代替率 …………19
　　　問題1-4　選好関係 ………………………………………23
　　　問題1-5　無差別曲線と限界代替率 ……………………24
　III　予算制約線……………………………………………………27
　　　問題1-6　予算集合と予算制約線 ………………………27
　IV　効用最大化問題と間接効用関数………………………………29
　　　問題1-7　効用最大化と間接効用関数 …………………29
　V　価格消費曲線と需要曲線 ……………………………………34
　　　問題1-8　価格消費曲線とマーシャルの需要関数
　　　　　　　　（普通の需要関数）…………………………34
　VI　所得消費曲線とエンゲル曲線 ………………………………36
　　　問題1-9　所得消費曲線とエンゲル曲線 ………………36

i

	Ⅶ	支出最小化問題と支出関数 …………………………………38
		問題1－10　支出最小化と支出関数 ……………………………39

Chapter Ⅱ　消費者行動理論の応用　　45

	Ⅰ	効用最大化問題の応用 ……………………………………………45
		問題2－1　労働供給 ………………………………………………46
		問題2－2　貯蓄の決定 ……………………………………………48
	Ⅱ	代替効果と所得効果 ……………………………………………52
		問題2－3　需要の価格弾力性 ……………………………………52
		問題2－4　需要の所得弾力性 ……………………………………55
		問題2－5　代替効果・所得効果とヒックスの需要曲線・マーシャルの需要曲線 ……………………………………………56
		問題2－6　全体効果（代替効果と所得効果）による財の分類 ……59
	Ⅲ	代替財と補完財 …………………………………………………62
		問題2－7　代替財と補完財 ………………………………………62

Chapter Ⅲ　生産者行動の理論　　65

	Ⅰ	生産者行動理論の構造 …………………………………………66
		問題3－1　生産者行動理論の構造 ………………………………67
	Ⅱ	生産関数と等量曲線 ……………………………………………72
		問題3－2　生産関数 ………………………………………………73
		問題3－3　短期の生産関数と長期の生産関数 …………………74
		問題3－4　規模に関する収穫法則 ………………………………75
		問題3－5　等量曲線（生産の無差別曲線）……………………76
	Ⅲ	費用方程式（生産の予算制約線）……………………………77
		問題3－6　費用方程式（生産の予算制約線）…………………78
	Ⅳ	産出量最大化 ……………………………………………………79
		問題3－7　産出量最大化 …………………………………………79

目　次

- V　費用最小化 …………………………………………………… 81
  - 問題 3−8　費用最小化と長期費用関数 ………………… 82
  - 問題 3−9　短期の費用関数 ……………………………… 84
  - 問題 3−10　費用概念 ……………………………………… 85
  - 問題 3−11　短期の費用関数と長期の費用関数 ………… 87
- VI　利潤の最大化と供給関数 …………………………………… 89
  - 問題 3−12　損益分岐点と操業停止点 …………………… 89
  - 問題 3−13　利潤の最大化，最適産出量および供給関数 … 90
  - 問題 3−14　粗利潤と純利潤 ……………………………… 93
- VII　供給関数の性質 ……………………………………………… 95
  - 問題 3−15　供給の価格弾力性 …………………………… 96

Chapter IV　部分均衡分析と余剰分析　　99

- I　市場の短期均衡と長期均衡 ………………………………… 100
  - 問題 4−1　市場供給関数，市場需要関数および短期市場均衡 …… 100
  - 問題 4−2　産業の長期均衡 ……………………………… 102
  - 問題 4−3　市場均衡 ……………………………………… 103
  - 問題 4−4　市場需要の価格弾力性と市場供給の価格弾力性 ……… 104
- II　市場不均衡の調整 …………………………………………… 106
  - 問題 4−5　ワルラスの価格調整とマーシャルの数量調整 ……… 107
- III　余剰分析 ……………………………………………………… 109
  - 問題 4−6　消費者余剰と生産者余剰 …………………… 111
  - 問題 4−7　規制と余剰 …………………………………… 112
  - 問題 4−8　従量税と余剰 ………………………………… 114
  - 問題 4−9　間接税（従量税）の帰着 …………………… 116

Chapter V　一般均衡分析とパレート最適基準　　121

- 問題 5−1　パレート基準とパレート最適 ……………… 121

iii

問題5-2	純粋交換経済下の一般均衡分析	122
問題5-3	厚生経済学の基本定理	125

Chapter Ⅵ　不完全競争市場の理論　127

Ⅰ　不完全競争市場の基礎理論　128
問題6-1　独占企業（売手独占）の理論　129

Ⅱ　不完全競争市場の応用理論　134
問題6-2　価格差別　135
問題6-3　クールノーの複占　138
問題6-4　シュタッケルベルクの複占理論　141
問題6-5　独占的競争　143

Chapter Ⅶ　市場の失敗　147

Ⅰ　費用逓減産業　147
問題7-1　費用逓減産業　147
問題7-2　費用逓減産業の価格設定原理　149

Ⅱ　外部性　152
問題7-3　外部性　152
問題7-4　外部不経済とピグー税　155

Ⅲ　公共財　159
問題7-5　公共財　159
問題7-6　公共財の最適供給とリンダール・メカニズム　160

Chapter Ⅷ　不確実性の経済学　163

問題8-1　宝くじと期待効用定理　163
問題8-2　リスクに対する態度とリスク回避度　165
問題8-3　資産選択論　167

問題演習のための数学マニュアル

I　2次方程式の解

① $ax^2+bx+c=0$ 　($a \neq 0$)

$$x = \frac{-b \pm \sqrt{b^2-4ac}}{2a}$$

② $ax^2+2b'x+c=0$ 　($a \neq 0$)

$$x = \frac{-b' \pm \sqrt{b'^2-ac}}{a}$$

II　乗法公式

① $m(a \pm b) = ma \pm mb$ 　（複号同順）
② $(a \pm b)^2 = a^2 \pm 2ab + b^2$ 　（複号同順）
③ $(a+b)(a-b) = a^2 - b^2$
④ $(x+a)(x+b) = x^2 + (a+b)x + ab$
⑤ $(ax+b)(cx+d) = acx^2 + (ad+bc)x + bd$
⑥ $(a \pm b)^3 = a^3 \pm 3a^2b + 3ab^2 \pm b^3$ 　（複号同順）
⑦ $(a+b+c)^2 = a^2 + b^2 + c^2 + 2ab + 2bc + 2ca$
⑧ $(a \pm b)(a^2 \mp ab + b^2) = a^3 \pm b^3$ 　（複号同順）

Ⅲ 指数の法則

① $y^m \times y^n = y^{m+n}$ （例：$y^5 \times y^2 = y^7$）
② $y^m \div y^n = y^{m-n}$ （例：$y^5 \div y^2 = y^3$）　（$y \neq 0$）
③ $y^{-n} = \dfrac{1}{y^n}$ （例：$y^{-2} = \dfrac{1}{y^2}$）　（$y \neq 0$）
④ $y^0 = 1$ 　　　　　　　　　　　　　　　　（$y \neq 0$）
⑤ $y^{\frac{1}{n}} = \sqrt[n]{y}$ （例：$y^{\frac{1}{2}} = \sqrt{y}$）
⑥ $(y^m)^n = y^{mn}$ （例：$(y^3)^2 = y^6$）
⑦ $x^m \times y^m = (xy)^m$ （例：$x^3 \times y^3 = (xy)^3$）

Ⅳ 等差数列の和（S_n）の公式

① $S_n = \dfrac{n(a+b)}{2}$

　　ここで，a＝初項，b＝末項，n＝項数です。

② $S_n = \dfrac{1}{2} n \{2a + (n-1)d\}$

　　ここで，a＝初項，d＝公差，n＝項数です。

Ⅴ 等比数列の和（S_n）の公式（$r \neq 1$のとき）

① $S_n = \dfrac{a(1-r^n)}{1-r}$

　　ここで，a＝初項，r＝公比，n＝項数です。

② $S_n = \dfrac{a - br}{1-r}$

　　ここで，a＝初項，b＝末項，r＝公比です。

VI 無限等比級数

$\sum_{n=1}^{\infty} ar^{n-1} = a + ar + ar^2 + \cdots + ar^{n-1} + \cdots$ は初項 a，公比 r（$r \neq 0$）の「無限等比級数」と呼ばれています。

① $|r| < 1$ のとき，収束します。

$$\sum_{n=1}^{\infty} ar^{n-1} = \frac{a}{1-r}$$

② $a \neq 0$，$|r| \geq 1$ のとき，発散します。

VII Σ（シグマ）計算の基本形

① $\Sigma(a_k \pm b_k) = \Sigma a_k \pm \Sigma b_k$
② $\Sigma c a_k = c \Sigma a_k$
③ $\Sigma c = nc$

VIII 対数と対数の法則

1 対数の定義

$4^2 = 16 \Leftrightarrow 2 = \log_4 16$

2 対数の法則

① $\log_e(mn) = \log_e m + \log_e n$ （$m, n > 0$）
② $\log_e \dfrac{m}{n} = \log_e m - \log_e n$ （$m, n > 0$）
③ $\log_e m^c = c \log_e m$ （$m > 0$）
④ $\log_b m = (\log_b e)(\log_e m)$ （$m > 0$）

⑤ $\log_b e = \dfrac{1}{\log_e b}$

Ⅸ　　　　　　　　　　　　　　　　　　　　y＝f(x)の導関数

 導関数の定義

$$\dfrac{dy}{dx} = f'(x) = \lim_{\Delta x \to 0} \dfrac{\Delta y}{\Delta x}$$

$$= \lim_{\Delta x \to 0} \dfrac{f(x+\Delta x) - f(x)}{\Delta x}$$

 2次の導関数

$$\dfrac{d^2 y}{dx^2} = \dfrac{d}{dx}\left(\dfrac{dy}{dx}\right)$$

【知っておきましょう】　原始関数 y＝f(x)の導関数の表示方法

$$\dfrac{dy}{dx} = \dfrac{d}{dx} y = \dfrac{d}{dx} f(x) = f'(x) = y'$$

Ⅹ　　　　　　　　　　　　　　　　　　　　　原始関数と導関数

原始関数	導関数
(1)　y＝f(x)＝k	f'(x)＝0
y＝f(x)＝5	f'(x)＝0
(2)　y＝x^n	f'(x)＝nx^{n-1}
y＝x	f'(x)＝$1 x^{1-1} = x^0 = 1$
y＝x^3	f'(x)＝$3 x^{3-1} = 3 x^2$
y＝x^0	f'(x)＝$0 x^{0-1} = 0$

Introduction 問題演習のための数学マニュアル

$$y = \frac{1}{x^3} = x^{-3} \qquad f'(x) = -3x^{-3-1} = -3x^{-4} = \frac{-3}{x^4}$$

$$y = \sqrt{x} = x^{\frac{1}{2}} \qquad f'(x) = \frac{1}{2}x^{\frac{1}{2}-1} = \frac{1}{2}x^{-\frac{1}{2}}$$

$$= \frac{1}{2}\frac{1}{\sqrt{x}}$$

(3) $y = c x^n \qquad f'(x) = c n x^{n-1}$

$y = 4x^3 \qquad f'(x) = 4 \cdot 3 x^{3-1} = 12 x^2$

(4) $y = f(x) \pm g(x) \qquad y' = f'(x) \pm g'(x)$

$y = 5x^3 + 9x^2 \qquad y' = 15x^2 + 18x$

(5) $y = f(x) \cdot g(x) \qquad y' = f'(x) \cdot g(x) + f(x) \cdot g'(x)$

$y = (2x+3) \cdot 3x^2 \qquad y' = 2 \cdot 3x^2 + (2x+3) \cdot 6x$

$\qquad\qquad\qquad\qquad\quad = 6x^2 + 12x^2 + 18x$

$\qquad\qquad\qquad\qquad\quad = 18x^2 + 18x$

(6) $y = \dfrac{f(x)}{g(x)} \qquad y' = \dfrac{f'(x) \cdot g(x) - f(x) \cdot g'(x)}{g^2}$

$y = \dfrac{2x-3}{x+1} \qquad y' = \dfrac{2(x+1) - (2x-3)1}{(x+1)^2}$

$\qquad\qquad\qquad\qquad\; = \dfrac{5}{(x+1)^2}$

(7) $y = \dfrac{1}{g(x)} \qquad y' = \dfrac{-g'(x)}{g^2}$

$y = \dfrac{1}{x+1} \qquad y' = \dfrac{-1}{(x+1)^2}$

> **【知っておきましょう】 合成関数**
>
> $z=f(y)$, $y=g(x)$を$z=f[g(x)]$と表すことができます。2つの関数記号f, gを用いた関数は「合成関数（関数の関数）」と呼ばれています。
>
> $z=f(y)$, $y=g(x)$から, $\dfrac{dz}{dx}$を求めます。
>
> $$\dfrac{dz}{dx}=\dfrac{dz}{dy}\cdot\dfrac{dy}{dx}$$

XI　$U=U(x_1, x_2)$の偏微分と全微分

1 偏導関数の定義

① x_1に関するUの偏導関数

$$MU_1=U_1=\dfrac{\partial U}{\partial x_1}$$
$$=\lim_{\Delta x_1\to 0}\dfrac{\Delta U}{\Delta x_1}$$
$$=\lim_{\Delta x_1\to 0}\dfrac{U(x_1+\Delta x_1, x_2)-U(x_1, x_2)}{\Delta x_1}$$

② x_2に関するUの偏導関数

$$MU_2=U_2=\dfrac{\partial U}{\partial x_2}$$
$$=\lim_{\Delta x_2\to 0}\dfrac{\Delta U}{\Delta x_2}$$
$$=\lim_{\Delta x_2\to 0}\dfrac{U(x_1, x_2+\Delta x_2)-U(x_1, x_2)}{\Delta x_2}$$

2 全微分の定義

$$dU=\dfrac{\partial U}{\partial x_1}dx_1+\dfrac{\partial U}{\partial x_2}dx_2$$

または

$$dU = U_1 dx_1 + U_2 dx_2$$

3 全微分の4つの法則

2つの関数 $U = U(x_1, x_2)$, $V = V(x_1, x_2)$ を考えます。

① $d(cU^n) = cnU^{n-1}dU$

② $d(U \pm V) = dU \pm dV$

③ $d(UV) = VdU + UdV$

④ $d\left(\dfrac{U}{V}\right) = \dfrac{VdU - UdV}{V^2}$

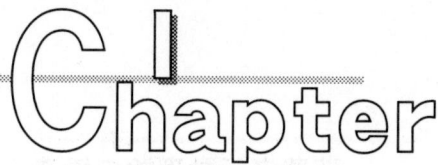

消費者行動理論の基礎

　スーパーにさしみを買いに行きました。さしみのコーナーには、「イカ8切れ、マグロ4切れ」、「イカ16切れ」、「マグロ8切れ」のさしみ盛り合わせがいずれも640円で売っていました。3種類の盛りさしみのうち、貴方ならどれを選びますか。これは2種類の財（イカ、マグロ）の合理的選択問題です。

　2種類の財（イカ、マグロ）の選択問題を取り上げるとき、経済学では、イカを第1財、マグロを第2財と抽象化します。ここでの例証では、イカ1切れ40円、マグロ1切れ80円ですが、経済学では、

　　x_1, x_2＝第1, 2財の数量

　　P_1, P_2＝第1, 2財の価格

と記号化します。640円だけを財布の中に入れて、スーパーに出かけると、この640円が予算になります。

　　E＝予算

と記号化します。

　3種類の盛りさしみの選択が経済問題になるのは、一方で消費者が無限の欲望をもって、イカもマグロもたくさん欲しいと考え、他方で盛りさしみを購入するための予算が有限であるからです。欲望がなければ、予算の制約がなければ、3種類の盛りさしみの選択問題は生じません。

　イカ、マグロの消費からの満足は、経済学では「効用（Utility）」と呼ばれています。

　　$U = U(x_1, x_2)$＝第1, 2財の消費からの効用

と記号化します。

I　消費者行動理論の構造

　消費者行動理論の基本問題は次の3つです。3つの基本問題を，単にでき上がった図を見るのではなく，作図しながら，言葉，図，数式の3つの方法で理解しましょう。

1　最適消費計画点（効用最大化点あるいは支出最小化点）の決定

　値引き交渉を行うことなしに，640円の予算で，満足を最大にするために，3種類の盛りさしみの中からどれを選ぶかが問題です。これは経済学では，第1,2財の価格P_1，P_2を与えられたものとして，一定の予算E_0で，効用Uを最大にするために，第1,2財をいくら購入するか（x_1，x_2の最適値）の選択問題です。あるいは，値引き交渉を行うことなしに，一定の満足水準を前提にした上で，予算を最小化するために，イカとマグロの組み合わせの中からどれを選ぶかが問題です。これは経済学では，第1,2財の価格P_1，P_2を与えられたものとして，一定の効用U_0を前提にした上で，予算Eを最小にするために，第1,2財をいくら購入するか（x_1，x_2の最適値）の選択問題です。

　効用最大化問題を

$$\text{Max} \quad U = U(x_1, x_2)$$
$$\text{s.t.} \quad P_1 x_1 + P_2 x_2 = E_0$$

と定式化できるようにしましょう。無限数の無差別曲線と1本の予算制約線を図示しながら，最適消費計画（効用最大化）点を理解しましょう。第1,2財の最適消費計画量が2財の価格と予算の関数であることを理解しましょう。逆に1本の無差別曲線と無限数の予算制約線によるものが支出最小化問題，

$$\text{Min} \quad E = P_1 x_1 + P_2 x_2$$

s.t.　$U(x_1, x_2) = U_0$
であることを理解しましょう。

2　価格消費曲線と需要曲線の導出

　イカ，マグロを1切れずつ購入できるときに，イカ1切れが40円から80円に値上げされたとき，イカ，マグロを何切れずつ購入するかの問題です。これは経済学では，第1財の価格P_1が2倍に上昇したときに，予算E_0を与えられたものとして，第1,2財をいくら購入するか（x_1, x_2の最適値）の選択問題です。価格が変化したときの最適消費計画（効用最大化）点の変化を図示しながら理解しましょう。

3　所得消費曲線とエンゲル曲線の導出

　イカ，マグロを1切れずつ購入できるときに，予算が640円から1,280円に倍増したとき，イカ，マグロを何切れずつ購入するかの問題です。これは経済学では，第1,2財の価格P_1, P_2を与えられたものとして，予算E_0が倍増したとき，第1,2財をいくら購入するか（x_1, x_2の最適値）の選択問題です。予算が変化したときの最適消費計画（効用最大化）点の変化を図示しながら理解しましょう。

【知っておきましょう】　消費者行動理論の応用問題

　ミクロ経済学のエッセンスは選択理論です。その意味では，消費者の選択問題を取り扱う消費者行動理論はミクロ経済学のエッセンスです。ここでは，例示として，イカとマグロを取り上げていますが，イカとマグロは2つの現在財の例示です。消費者行動理論の応用問題としては，

　① 労働供給と余暇（働くか遊ぶか）の選択
　② 現在財と将来財（今日のイカと明日のイカ）の選択

などを考えることができます。

問題 1－1　消費者行動理論の構造

以下の文章と図の中の空欄に適語を入れなさい。

(1) 何をもって消費者と呼ぶことができるのでしょうか。食欲がなくて，何も買う気のしない人は消費者でしょうか。あるいは，何を買うかを決めることのできない人は消費者でしょうか。食欲があり，あれこれ買いたいけれども，お金のない人は消費者でしょうか。（　ア　）と予算をもっている人が消費者です。

(2) 消費者の（　ア　）は，経済学の世界では効用関数あるいは選好関係と呼ばれています。選好関係を図示したものは（　イ　）と呼ばれています。また，消費者は所与の価格に直面していますが，一定の予算で買うことのできる財の組み合わせを図示したものは（　ウ　）と呼ばれています。

(3) 消費者の（　ア　）は，経済学の世界で，なぜ「効用関数」「選好関係」と2通りの呼び方がなされているのでしょうか。効用は平たくいえば満足のことであり，「財の組み合わせAに対する消費者の効用が2である」「財の組み合わせBに対する消費者の効用が4である」といわれたときに，「Bの効用はAの効用の2倍である」といえるのでしょうか。効用関数は基数的効用を問題にし，「Bの効用はAの効用の2倍である」ということができますが，選好関係は（　エ　）効用を問題にし，「Bの効用はAの効用より大きい」としかいうことができません。つまり，効用関数では，効用の足し算・引き算はできますが，選好関係では，効用の大小（順序）しか比較できません。

(4) x_1, x_2＝第1, 2財の数量，$U=U(x_1, x_2)$＝第1, 2財の消費からの効用，P_1, P_2＝第1, 2財の価格，E_0＝一定の予算と記号化しましょう。

　　Max　$U=U(x_1, x_2)$　　　　（　オ　）
　　s.t.　$P_1x_1+P_2x_2=E_0$　　（　カ　）

Chapter I 消費者行動理論の基礎

は制約付きの最大化問題であり，（ カ ）と無限数の（ イ ）を考えます。消費者は（ カ ）が最上位の（ イ ）と接する点（最適消費計画点）を求めます。

(5) x_1, x_2＝第1，2財の数量，$U_0 = U(x_1, x_2)$＝第1，2財の消費からの一定の効用，P_1, P_2＝第1，2財の価格，E＝予算（支出）と記号化しましょう。

　　Min　$E = P_1 x_1 + P_2 x_2$　　（ キ ）
　　s.t.　$U(x_1, x_2) = U_0$　　（ ク ）

は制約付きの最小化問題であり，（ ク ）と無限数の（ ウ ）を考えます。消費者は（ ク ）が最下位の（ ウ ）と接する点（最適消費計画点）を求めます。

(6) 「（ オ ）」問題の最適消費計画は，

　　$x_1^* = x_1^*(P_1, P_2, E_0)$　（第1財の最適消費量）
　　$x_2^* = x_2^*(P_1, P_2, E_0)$　（第2財の最適消費量）

です。第1財の価格（P_1）の上昇により，（ ウ ）は縦軸切片 $\dfrac{E_0}{P_2}$ を固定したまま，横軸切片は左へ移動します。予算制約線は時計回りの回転をし，傾きは急になります。価格が変化（$P_1 \to P_1' \to P_1''$ と上昇：P_2, E_0 は一定のまま）したときの最適消費計画（消費者の主体均衡）の軌跡は「（ ケ ）」と呼ばれています。

(7) （ ケ ）より，価格が変化（$P_1 \to P_1' \to P_1''$ と上昇：P_2, E_0 は一定のまま）したときの最適消費計画（$x_1^* \to x_1'^* \to x_1''^*$）の軌跡を知ることができました。（$P_1 \to P_1' \to P_1''$）と（$x_1^* \to x_1'^* \to x_1''^*$）を対応させたものが「（ コ ）」です。

(8) 「（ オ ）」問題の最適消費計画は，

　　$x_1^* = x_1^*(P_1, P_2, E_0)$　（第1財の最適消費量）
　　$x_2^* = x_2^*(P_1, P_2, E_0)$　（第2財の最適消費量）

です。所得が変化（$E_0 \to E_0' \to E_0''$ と増大：P_1, P_2 は一定のまま）

したときの最適消費計画(消費者の主体均衡)の軌跡は「(サ)」と呼ばれています。

(9) (サ)より,所得が変化($E_0 \to E_0' \to E_0''$と増大:P_1,P_2は一定のまま)したときの最適消費計画の軌跡($x_j^* \to x_j'^* \to x_j''^*$)を知ることができました。($E_0 \to E_0' \to E_0''$)と($x_j^* \to x_j'^* \to x_j''^*$)を対応させたものが「(シ)」です。

(10) 「(オ)」問題の最適消費計画は,

$x_1^* = x_1^*(P_1, P_2, E_0)$ (第1財の最適消費量)

$x_2^* = x_2^*(P_1, P_2, E_0)$ (第2財の最適消費量)

です。x_1^*, x_2^*を効用関数$U = U(x_1, x_2)$に代入します。

$V = U^*(x_1^*, x_2^*)$

$\quad = U^*(x_1^*(P_1, P_2, E_0), x_2^*(P_1, P_2, E_0))$

$\quad = V(P_1, P_2, E_0)$

は「(ス)」と呼ばれています。

(11) 「(キ)」問題の最適消費計画は,

$x_1^{**} = x_1^{**}(P_1, P_2, U_0)$ (第1財の最適消費量)

$x_2^{**} = x_2^{**}(P_1, P_2, U_0)$ (第2財の最適消費量)

です。

x_1^{**}, x_2^{**}を$E = P_1 x_1 + P_2 x_2$

に代入します。

$E^{**} = P_1 x_1^{**} + P_2 x_2^{**}$

$\quad = P_1 x_1^{**}(P_1, P_2, U_0) + P_2 x_2^{**}(P_1, P_2, U_0)$

$\quad = E^{**}(P_1, P_2, U_0)$

は「(セ)」と呼ばれています。

Chapter I 消費者行動理論の基礎

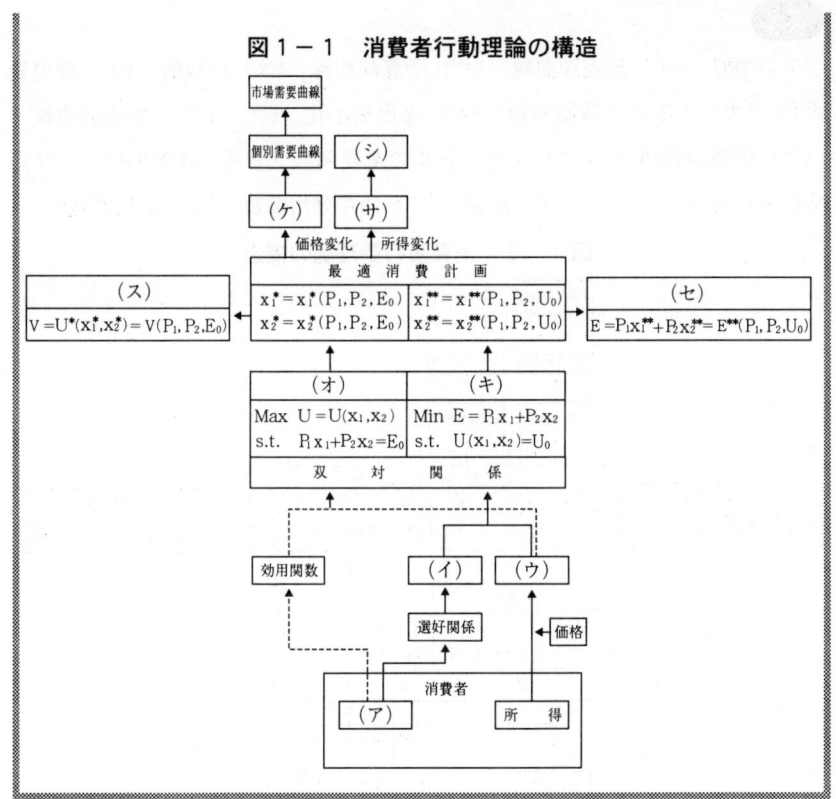

図1-1 消費者行動理論の構造

≪解答＆解答の解説≫

　ミクロ経済学の構造の中で，消費者行動の理論と生産者行動の理論の2つが基本中の基本です。これら2つの理論の論理構造はよく似ているので，消費者行動の理論をしっかりと理解すれば，生産者行動の理論を理解することは簡単です。

　図1-2を見て，消費者行動理論の論理構造を理解しましょう。第1,2章の各問題が消費者行動理論全体のどこの話なのかを理解するために，繰り返し繰り返し図1-2を見ましょう。

答え

（ア）嗜好　（イ）無差別曲線　（ウ）予算制約線　（エ）序数的　（オ）効用最大化　（カ）1本の予算制約線　（キ）支出最小化　（ク）1本の無差別曲線　（ケ）価格消費曲線　（コ）マーシャルの需要関数（普通の需要関数）　（サ）所得消費曲線　（シ）エンゲル曲線　（ス）間接効用関数　（セ）支出関数

図1-2　消費者行動理論の構造

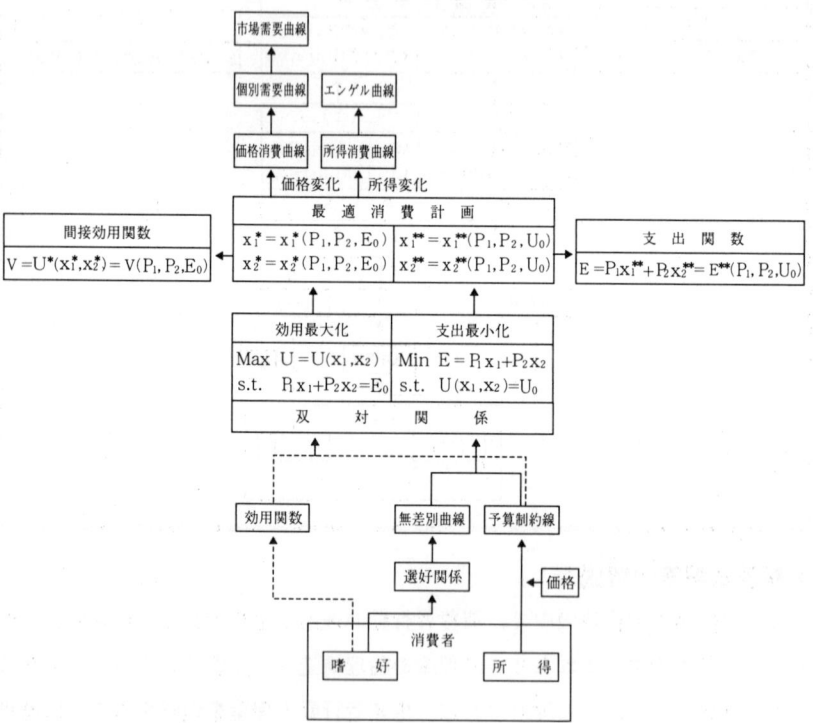

II 効用関数と選好関係・無差別曲線

「イカ8切れ,マグロ4切れ」「イカ16切れ」「マグロ8切れ」のさしみ盛り合わせがいずれも640円で売っていました。3種類の盛りさしみのうち,貴方ならどれを選びますかと尋ねましたが,まずは,イカ,マグロに対する好き嫌いが問題になります。イカ,マグロの消費からの満足は,経済学では「効用（Utility）」と呼ばれ,イカ,マグロの組み合わせ（3種類の盛りさしみ）の好き嫌いは「選好関係」と呼ばれています。効用関数を図示しながら理解しましょう。無差別曲線とは何かを学び,無差別曲線の4つの性質を図示しながら理解しましょう。

問題 1 − 2　1つの財の効用と限界効用

(1) 効用とは何ですか。
(2) 効用関数 $U = U(x) = x^{\frac{1}{2}}$ を図示し,財Xの限界効用を求めなさい。
(3) 限界効用逓減の法則を図を用いて説明しなさい。

≪解答＆解答の解説≫

(1) 財の消費からの満足は「効用（Utility）」と呼ばれています。

(2) 財を微小量追加消費したときの効用の増分は財の「限界効用（Marginal Utility）」と呼ばれています。財Xの限界効用をMUと表せば,

$$MU = \frac{d}{dx} U(x)$$
$$= \frac{d}{dx} x^{\frac{1}{2}} = \frac{1}{2} x^{\frac{1}{2}-1} = \frac{1}{2} x^{-\frac{1}{2}} \quad \boxed{答え}$$

です。ここで,$\frac{d}{dx} U(x)$は「xが微小量増えたときにU(x)がどれだけ変化しますか」を意味し,$\frac{dU(x)}{dx}$と書くこともできます。

図1-3 効用関数

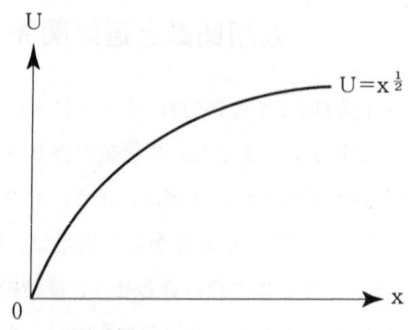

【知っておきましょう】 関係と関数：U＝U（x）
　効用関数の「関数」は関係，つまりUとxの間の関係に似ています。「‥関数」と出てくれば，何と何の関係かをまず理解しましょう。ただし，厳密には関係と関数は次のように異なっています。xに1つの値が与えられると，1つまたはそれ以上のUの値が得られるとき，「Uとxの間に関係が存在する」といわれています。xの各々の値に対してUの値がただ1つずつ定まる関係は「関数」と呼ばれています。

【知っておきましょう】 限界と微分
　経済学では「限界……」という概念がよく出てきますが，限界とは追加的という意味です。「あともう1杯飲めば，あともう1台作れば」を問題にするのが限界概念です。この限界概念を理解するには，数学の微分がどうしても必要になります。

(3)　限界効用 $\dfrac{dU}{dx}$ はプラスです。限界効用が常にプラスであることは「非飽和性」と呼ばれています。つまり，いくらすでに消費していても，さらにもう微小単位消費すると効用は増えるのが非飽和性です。$\dfrac{dU}{dx}$ はxが変化したときのUの変化を表していますが，xが変化したときの $\dfrac{dU}{dx}$ の変化は，

$$\frac{d}{dx}\left(\frac{dU}{dx}\right) = \frac{d^2U}{(dx)^2}$$

と表されます。$\frac{d^2U}{(dx)^2}$ は1回微分したもの（$\frac{dU}{dx}$：1階の微分）をさらにもう1回微分しているので，2階の微分（Uをxについて2回微分したもの）と呼ばれ，$\frac{d^2U}{(dx)^2} < 0$ は「財Xの増大とともに，財Xの限界効用が逓減する」ことを意味しています。これは「限界効用逓減の法則」と呼ばれています。

図1-4 限界効用逓減の法則

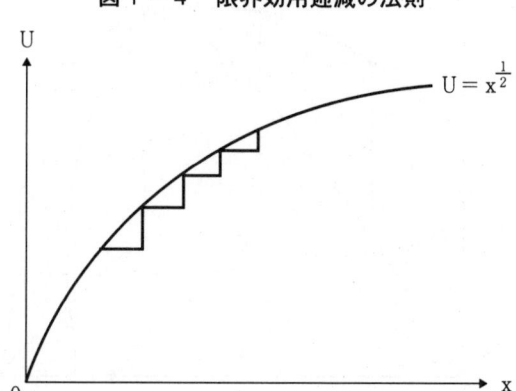

【知っておきましょう】 増加・減少と逓増・逓減

「全体」効用は増加・減少といいますが，「限界」効用・「平均」効用は逓増・逓減といいます。

問題1-3 2つの財の効用，限界効用および限界代替率

効用関数$U = U(x_1, x_2) = x_1 \cdot x_2$について，以下の問いに答えなさい。

(1) 効用関数$U = U(x_1, x_2) = x_1 \cdot x_2$を図示しなさい。
(2) 第1，2財の限界効用を求めなさい。
(3) 第2財の第1財に対する限界代替率を求めなさい。

≪解答＆解答の解説≫

(1)　U＝U（x_1, x_2）は「効用関数」，それを図示したものは「効用曲面」と呼ばれています。U＝U（x）は2次元の図ですが，U＝U（x_1, x_2）は3次元の図です。

図1－5　効用曲面

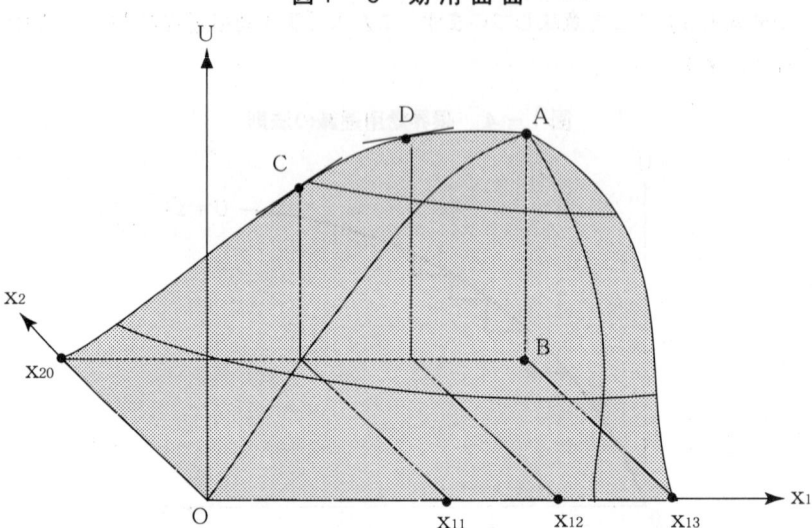

(2)　第2財の消費量（x_2）は不変のままで，第1財の消費量（x_1）を微小量増加したときの効用の増加分は「第1財の限界効用（MU_1）」，第1財の消費量（x_1）は不変のままで，第2財の消費量（x_2）を微小量増加したときの効用の増加分は「第2財の限界効用（MU_2）」とそれぞれ呼ばれています。効用関数U＝U（x）について，財Xの消費量（x）を微小量増加したときの効用の増加分は「財Xの限界効用（MU）」と呼ばれ，

$$MU = \frac{d}{dx} U(x)$$

は数学では「微分」と呼ばれています。「d」はディーと呼ばれ，微分の記号です。一方，効用関数U＝U（x_1, x_2）について，第1財の限界効用（MU_1），第2財の限界効用（MU_2）をそれぞれ求めることは数学では「偏微分」と呼ばれ，

Chapter I 消費者行動理論の基礎

$$MU_i = \frac{\partial}{\partial x_i} U(x_1, x_2) = \frac{\partial U(x_1, x_2)}{\partial x_i}$$

です。「∂」はラウンドあるいはラウンドデルタと呼ばれ，偏微分の記号です。

dxの記号dが1つの変数xしかないときの，xの微小量の増加を意味するのに対し，∂x_iの記号∂は2つ以上の変数（例えば，x_1，x_2）があるときに，その中の1つだけの変数の微小量の増加を問題にするときに用いられます。ですから，記号∂が出てきたときに，$\frac{\partial}{\partial x_1}U(x_1, x_2)$でいえば，$x_1$だけの微小量の増加によるUの変化が問題となり，それ以外の変数（x_2）は不変とみなされています。

① 第1財の限界効用（MU_1）の定義は，

$$MU_1 = \lim_{\Delta x_1 \to 0} \frac{\Delta U}{\Delta x_1}$$
$$= \lim_{\Delta x_1 \to 0} \frac{U(x_1 + \Delta x_1, x_2) - U(x_1, x_2)}{\Delta x_1}$$

です。$U = x_1 \cdot x_2$において，$\frac{\partial}{\partial x_1}U(x_1, x_2)$を求めるときには，$x_2$を定数とみなせば（例えば，$U = x_1 \cdot 3$のようなもの）

$$MU_1 = \frac{\partial}{\partial x_1}U(x_1, x_2) = x_2 \quad (\text{答え}：第1財の限界効用)$$

です。

② 第2財の限界効用（MU_2）の定義は，

$$MU_2 = \lim_{\Delta x_2 \to 0} \frac{\Delta U}{\Delta x_2}$$
$$= \lim_{\Delta x_2 \to 0} \frac{U(x_1, x_2 + \Delta x_2) - U(x_1, x_2)}{\Delta x_2}$$

です。$U = x_1 \cdot x_2$において，$\frac{\partial}{\partial x_2}U(x_1, x_2)$を求めるときには，今度は$x_1$が定数とみなされますので（例えば，$U = 3 \cdot x_2$のようなもの）

$$MU_2 = \frac{\partial}{\partial x_2}U(x_1, x_2) = x_1 \quad (\text{答え}：第2財の限界効用)$$

です。

(3) 第2財の第1財に対する限界代替率（Marginal Rate of Substitution：MRS_{12}）は，

$$MRS_{12} = -\frac{dx_2}{dx_1} = \frac{MU_1}{MU_2}$$

と定義されています。どちらのどちらに対する限界代替率であるのかは気に

する必要はありません。図を描いたときに，横軸がx_1，縦軸がx_2であれば，MRS_{12}は$-\dfrac{dx_2}{dx_1}$になるわけです。「$MRS_{12}=\dfrac{MU_1}{MU_2}$」を暗記することをすすめておきます。

問2より，

$MU_1 = x_2$ （第1財の限界効用）

$MU_2 = x_1$ （第2財の限界効用）

であるので，

$MRS_{12} = \dfrac{x_2}{x_1}$ （**答え**：第2財の第1財に対する限界代替率）

です。

【知っておきましょう】 限界代替率と全微分

効用関数$U=U(x_1, x_2)$について，x_1だけの微小量の増加によるUの変化，あるいはx_2だけの微小量の増加によるUの変化を問題にするのが「偏微分」でした。それに対し，x_1，x_2両変数の微小量の増加によるUの変化を問題にするのが「全微分」です。偏微分のときには記号∂を用いましたが，全微分のときには記号dを用います。

効用関数$U=U(x_1, x_2)$の「全微分の公式」は，

$$dU = \dfrac{\partial U}{\partial x_1}\cdot dx_1 + \dfrac{\partial U}{\partial x_2}\cdot dx_2 = MU_1\cdot dx_1 + MU_2\cdot dx_2$$

です。

限界代替率とは，現行の効用水準U_0を維持しながらの2財x_1，x_2の限界的代替を取り扱うものですから，効用関数は，

$U_0 = U(x_1, x_2)$

で表され，その全微分は，

$$dU_0 = \dfrac{\partial U}{\partial x_1}\cdot dx_1 + \dfrac{\partial U}{\partial x_2}\cdot dx_2 = 0$$

です。ここで，現行の効用水準U_0は一定であるので，定数の変化はゼロということで，$dU_0 = 0$であることを理解しなければなりません。上記の式から，

Chapter I 消費者行動理論の基礎

$$-\frac{dx_2}{dx_1} = \frac{\frac{\partial U}{\partial x_1}}{\frac{\partial U}{\partial x_2}} = \frac{MU_1}{MU_2}$$

を求めることができ,これが限界代替率MRS$_{12}$です。

―――― 問題1－4　選好関係 ――――
(1) 選好関係とは何ですか。
(2) 選好関係の性質を説明しなさい。

≪解答＆解答の解説≫
(1) 何を買いたいのか,どれを選びたいのかといった「嗜好」がはっきりしないとショッピングはできません。合理的な消費者の嗜好を経済学では「選好関係」と呼んでいます。つまり,合理的な消費者の財の組み合わせについての好き嫌いを「選好関係」と呼んでいます。
(2) 選好関係は次の4つの性質を満たしています。ショッピングに行ったときに,3種類の「2つの財の組み合わせ」(A,B,C)があったとします。
　① 完　全　性
　　これら3種類の組み合わせについて,「この組み合わせよりもあの組み合わせが好き」(例えば,A≺B) とか,「あの組み合わせよりもこの組み合わせが好き」(例えば,A≻B) とか,「この組み合わせとあの組み合わせは同じくらい好き」(例えば,A〜B) といったことが判断できることは「完全性」と呼ばれています。
　② 推　移　性
　　好き嫌いの判断が首尾一貫していること,例えば,「AがBよりも好き (A≻B) で,BがCよりも好きである (B≻C)」ときには,必ず「AはCよりも好き」の判断が行われることは「推移性」と呼ばれています。
　③ 単　調　性
　　財の量が多ければ多いほど好まれることは「単調性」と呼ばれています。

④ 凸（とつ）性

2つの財のバランスのとれた組み合わせ（例えば，イカだけでなく，マグロだけでなく，「イカ8切れ，マグロ4切れ」）が好まれることは「凸性」と呼ばれています。

【知っておきましょう】 ≻ と ＞

不等号＞は大小関係を表しています。それに対し，記号≻は選好（……より好き）を表しています。

問題1－5　無差別曲線と限界代替率

(1) 下図のIは無差別曲線です。次の記述のうち正しいものはどれですか。
　① AよりもDの方が選好される。
　② DとEは無差別である。
　③ BよりもEの方が選好される。
　④ EよりもCの方が選好される。

(2) 無差別曲線の性質を説明しなさい。

(3) 下図のIは無差別曲線です。D点における第2財の第1財に対する限界代替率はどれですか。

　① $\dfrac{HD}{JD}$
　② $\dfrac{OJ}{OH}$
　③ $\dfrac{JF}{JD}$
　④ $\dfrac{OH}{OJ}$
　⑤ $\dfrac{OF}{OG}$

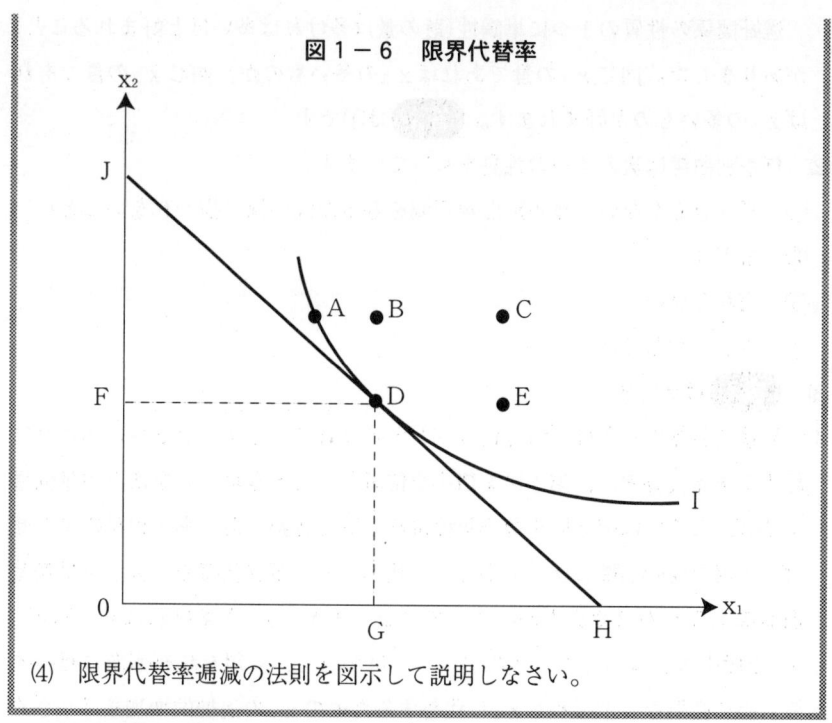

図1-6　限界代替率

(4) 限界代替率逓減の法則を図示して説明しなさい。

≪解答＆解答の解説≫

(1) 選好関係を図示したものは「無差別曲線（等効用曲線）」と呼ばれています。U^i＝第 i 番目の大きさの序数的効用水準（例えば，$U^1=10$，$U^2=20$ とするときは$20>10$だけで，20は10の2倍であることを意味しないのが序数です）とすれば，無差別曲線は $U^i=U^i(x_1, x_2)$ を満たす x_1，x_2 の組み合わせの軌跡，つまり等効用曲線です。消費者は無限の欲望をもっているので，無限数の無差別曲線（無差別曲線群）が描かれます。フロアーに正方形のタイルを張った部屋をイメージしましょう。フロアーの横に x_1，縦に x_2，柱に U^i をそれぞれ測った部屋を考えます。フロアーの1枚のタイルは x_1 と x_2 の1つの組み合わせを示し，その組み合わせからの効用水準を柱にとります。同じ効用水準をもつ x_1 と x_2 の組み合わせを結んでいき，それを天井から眺めたものが無差別曲線（等効用曲線）です。

選好関係の性質の1つに単調性(財の量は多ければ多いほど好まれること)がありました。同じx_1の量であればx_2の多いものが，同じx_2の量であればx_1の多いものが好まれます。 答え は④です。

(2) 無差別曲線は次の4つの性質をもっています。
① 厚さをもたない（無差別曲線が幅をもった太い線で描かれないこと）
② 右下り
③ 交わらない
④ 原点に対して凸

(3) 答え は②です。

(4) 無差別曲線の傾きは「限界代替率」と呼ばれています。第2財の第1財に対する限界代替率は，第1財を微小単位減らしたとき第2財をあと何単位増やせば，あるいは第2財を微小単位減らしたとき第1財をあと何単位増やせば，効用を現行水準に保てるかという比率です。限界代替率の大きさは無差別曲線上のどの点で測るかによって異なります。x_1が多ければ多いほど，x_1を微小単位減らしたときのダメージは小さく，効用を現行水準に維持するために必要な，すなわちx_1に代替するためのx_2の追加的増加量は小さくてすみます。したがって，限界代替率は無差別曲線上の測定点が右下方になればなるほど小さくなります。これは「限界代替率逓減の法則」と呼ばれています。

図1－7　限界代替率逓減の法則

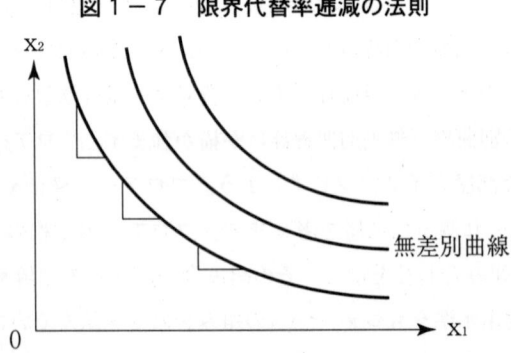

III 予算制約線

3種類の盛りさしみの選択について、まずは、イカとマグロに対する好き嫌いが問題になりました。次に問題になるのは「予算」です。あれを欲しい、これを欲しいといっても、購入するためのお金がなくては話になりません。あれも欲しい、これも欲しいという消費者の欲望は無限ですが、消費者の予算は有限です。財布の中に入っている640円が予算です。この640円で購入できるイカ、マグロの組み合わせ（3種類の盛りさしみなど）を考えることができます。予算制約線を図示し、傾き・切片を確認しましょう。イカ、マグロの価格、一定の予算が変化したときに、予算制約線がどのように変化（回転、シフト）するのかを理解しましょう。

問題1－6　予算集合と予算制約線

x_1, x_2＝第1, 2財の消費量、P_1, P_2＝第1, 2財の価格、E_0＝一定の予算とします。
(1) 予算集合と予算制約線を式で表しなさい。
(2) 予算集合と予算制約線を図示しなさい。図中に、縦軸切片、横軸切片、傾きを書き入れなさい。
(3) 第1財の価格の上昇は予算制約線をどのように変化させますか。
(4) 第2財の価格の下落は予算制約線をどのように変化させますか。
(5) 所得の増大は予算集合をどのように変化させますか。

≪解答＆解答の解説≫

(1) あれを欲しい、これを欲しいといっても、購入するためのお金がなくては話になりません。あれも欲しい、これも欲しいという消費者の欲望は無限ですが、消費者の予算は有限です。所与の価格と有限の予算の下で、選択可能な2財の組み合わせの集合は「予算集合」、その境界線は「予算制約線」とそれぞれ呼ばれています。

① 予算集合の式は $P_1 x_1 + P_2 x_2 \leq E_0$ **答え** です。
② 予算制約線の式は $P_1 x_1 + P_2 x_2 = E_0$ **答え** です。

【知っておきましょう】「所与の価格」と完全競争市場

価格が1人の消費者にとって「所与（given）である」ということは、その消費者が価格を単独で上げ下げできないということです。交渉して価格を下げることができるならば、その消費者はある程度の買手独占者ということになります。消費者が価格を単独で上げ下げできないとき、その消費者は「完全競争市場に直面し、したがって価格は所与である」といわれます。

---

(2) 予算制約線 $P_1 x_1 + P_2 x_2 = E_0$ は $P_2 x_2 = -P_1 x_1 + E_0$ となり、両辺を P_2 で割ると、

$$x_2 = -\frac{P_1}{P_2} x_1 + \frac{E_0}{P_2}$$

と書き換えることができます。傾きは $-\frac{P_1}{P_2}$ です。横軸切片は一定の予算で第1財のみを消費するときの最大量で、$\frac{E_0}{P_1}$ です。縦軸切片は一定の予算で第2財のみを消費するときの最大量で、$\frac{E_0}{P_2}$ です。

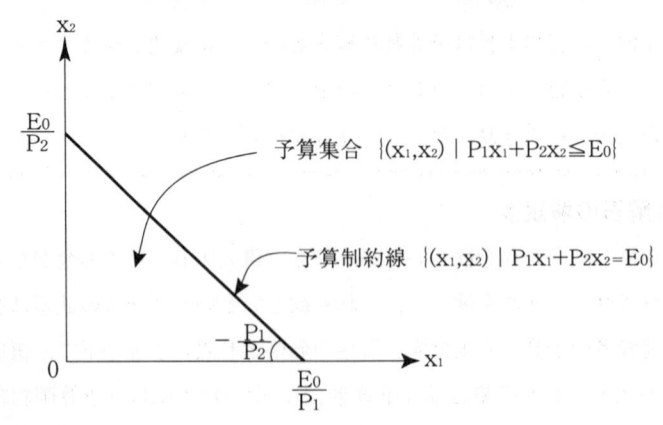

図1-8　予算集合と予算制約線

(3) 第1財の価格（P_1）の上昇は縦軸切片（$\frac{E_0}{P_2}$）をそのままにしておいて，予算制約線を縦軸切片を中心に時計回りで回転させます 答え 。
(4) 第2財の価格（P_2）の下落は横軸切片（$\frac{E_0}{P_1}$）をそのままにしておいて，予算制約線を横軸切片を中心に時計回りで回転させます 答え 。
(5) 予算（E_0）の増大は横軸切片（$\frac{E_0}{P_1}$）を右へ，縦軸切片（$\frac{E_0}{P_2}$）を上へシフト，つまり予算制約線を右上方へシフトさせ，これにより予算集合を拡大させます 答え 。

Ⅳ 効用最大化問題と間接効用関数

2つの財の効用最大化問題は，
　　Max　$U = U(x_1, x_2)$　　（効用の最大化）
　　s.t.　$P_1 x_1 + P_2 x_2 = E_0$　（予算制約線）
と定式化されています。経済学では少なからず数学を用いますが，まずは，このような記号化に慣れましょう。計算問題では，効用関数が具体的に特定化され，P_1，P_2，E_0の具体的数値が与えられますが，上記の定式化が基本形です。この定式化を図を描きながら理解しましょう。

問題1-7　効用最大化と間接効用関数

ある1人の消費者が2つの財を消費しようとしています。消費者の効用関数は$U = U(x_1, x_2) = x_1 \cdot x_2$で与えられています。ここで，$x_1$，$x_2$＝第1，2財の消費量です。$P_1$，$P_2$＝第1，2財の価格，$E_0$＝消費者の一定の予算とします。
(1) この消費者の効用最大化問題を定式化しなさい。

(2) 最適消費計画（効用最大化）点は図中のどれですか。

図1－9　無差別曲線・予算制約線と最適消費計画

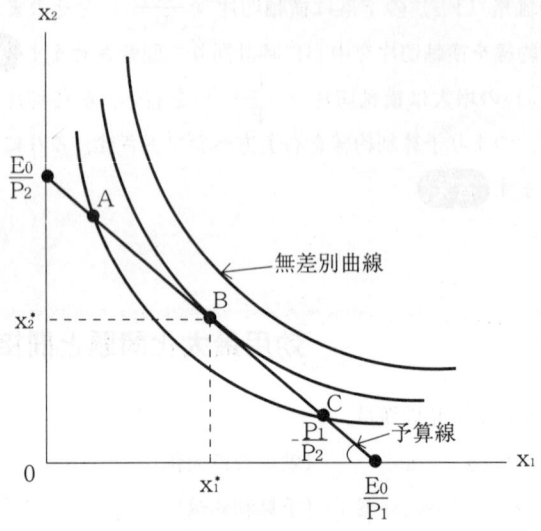

x_2軸上に$\frac{E_0}{P_2}$、点A、点B（x_2^*）、点C、$\frac{P_1}{P_2}$、x_1軸上にx_1^*、$\frac{E_0}{P_1}$。無差別曲線と予算線が描かれている。

(3) 効用最大化の1階の条件を言葉で説明しなさい。

(4) ここでの効用最大化問題を解いて，第1，2財の最適消費計画を求めなさい。

(5) ここでの間接効用関数を求めなさい。

≪解答＆解答の解説≫

(1) ここでの効用最大化問題は次のように定式化されます。

　　Max　$U = x_1 \cdot x_2$　　（効用の最大化：**答え**）
　　s.t.　$P_1 x_1 + P_2 x_2 = E_0$　　（予算制約線：**答え**）

「$x_1 \cdot x_2 =$ 一定（例えば，10, 20, 30）」のx_1とx_2の組み合わせ（無差別曲線）を図示すれば，それは直角双曲線と呼ばれるものになります。消費者は一方で無限の欲望（無限数の無差別曲線）をもち，他方で有限の予算（1本の予算制約線）をもっています。

上記の「s.t.（……を条件としてのという subject to）」は，「予算制約線上

Chapter I 消費者行動理論の基礎

にある（x_1, x_2）の組み合わせの中で」を意味し，「Max（最大化というMaximize）」は「最上位の無差別曲線に接すること」を意味しています。

(2) 最適消費計画（効用最大化）点を図で理解すれば次のようになります。消費者は一方で無限の欲望（無差別曲線群）をもち，他方で有限の予算（1本の予算制約線）をもっています。予算制約線上にある（x_1, x_2）の組み合わせの中で，最上位の無差別曲線に接するもの，すなわち「無差別曲線と予算制約線が接している点」（B点： 答え ）が最適消費計画（効用最大化）点と呼ばれています。

(3) 無差別曲線の傾きは限界代替率（$MRS_{12} = \dfrac{MU_1}{MU_2}$），予算制約線の傾きの絶対値は（$\dfrac{P_1}{P_2}$）であるので，効用最大化の1階の条件は，次の2通りで表すことができます。

① 「限界代替率＝2財の価格比」と予算制約線 答え
$$\dfrac{MU_1}{MU_2} = \dfrac{P_1}{P_2} \quad \text{（限界代替率＝2財の価格比）}$$
$$P_1 x_1 + P_2 x_2 = E_0 \quad \text{（予算制約線）}$$

② 加重限界効用均等の法則と予算制約線 答え
$$\dfrac{MU_1}{P_1} = \dfrac{MU_2}{P_2} \quad \text{（加重限界効用均等の法則）}$$
$$P_1 x_1 + P_2 x_2 = E_0 \quad \text{（予算制約線）}$$

【知っておきましょう】　1階の条件と2階の条件

　上記の効用最大化の条件は1階の条件で，それだけでは最大，最小のいずれの条件にもなります。最大，最小の区別には2階の条件が必要ですが，入門のレベルでは，2階の条件を具体的に知る必要はありません。

---

(4) ここでの効用最大化問題は次の2つの方法で解くことができます。

① 公式の暗記による方法
$$\dfrac{MU_1}{MU_2} = \dfrac{P_1}{P_2} \quad \text{（限界代替率＝相対価格）}$$
$$P_1 x_1 + P_2 x_2 = E_0 \quad \text{（予算制約線）}$$

の2式を暗記しておきましょう。そうすれば，最適消費計画 x_1^*, x_2^* を

求めることができます。すなわち，

$$\frac{x_2}{x_1} = \frac{P_1}{P_2} \quad （限界代替率＝相対価格）$$
$$P_1 x_1 + P_2 x_2 = E_0 \quad （予算制約線）$$

より，

$x_1^* = \dfrac{E_0}{2P_1}$　**答え**：第1財についての最適消費計画）

$x_2^* = \dfrac{E_0}{2P_2}$　**答え**：第2財についての最適消費計画）

② ラグランジュ乗数法を用いる方法

　以下のラグランジュ乗数法を用いた解法は，その手順を公式のようなつもりで理解しましょう。ラグランジュ乗数法はたいへん有用な方法です。

　次のラグランジュ関数を作ります。λ＝ラグランジュ未定乗数（λはギリシャ文字のラムダです）とすると，

$$Z = U(x_1, x_2) + \lambda\{E_0 - (P_1 x_1 + P_2 x_2)\}$$
$$= \underbrace{x_1 \cdot x_2}_{目的関数} + \lambda\underbrace{\{E_0 - (P_1 x_1 + P_2 x_2)\}}_{制約条件} \quad （ラグランジュ関数）$$

であり，Zが最大値をもつための1階の条件は次のものです。

$$Z_1 = \frac{\partial Z}{\partial x_1} = U_1(x_1, x_2) - \lambda P_1 \quad （Zのx_1についての偏微分）$$
$$= x_2 - \lambda P_1 = 0$$
$$Z_2 = \frac{\partial Z}{\partial x_2} = U_2(x_1, x_2) - \lambda P_2 \quad （Zのx_2についての偏微分）$$
$$= x_1 - \lambda P_2 = 0$$
$$Z_\lambda = \frac{\partial Z}{\partial \lambda} = E_0 - (P_1 x_1 + P_2 x_2) = 0 \quad （制約条件）$$

上記の1階の条件式3本のうちの最初の2本の式より，

$$\lambda = \frac{x_2}{P_1} = \frac{x_1}{P_2}$$

であるので，

$$\frac{x_2}{x_1} = \frac{P_1}{P_2}$$

が得られます。左辺は$x_2 = \dfrac{\partial Z}{\partial x_1} = MU_1$，$x_1 = \dfrac{\partial Z}{\partial x_2} = MU_2$であるので，2財の限界効用の比率であり，限界代替率と呼ばれているものです。右辺は2財の相対価格です。第1，2財の最適消費計画は次の2個の未知数x_1，x_2をもつ，2本の方程式を解くことによって求めることができま

す。

$$\frac{x_2}{x_1} = \frac{P_1}{P_2} \quad (限界代替率＝相対価格)$$

$$P_1 x_1 + P_2 x_2 = E_0 \quad (予算制約線)$$

かくて，

$$x_1^* = \frac{E_0}{2P_1}$$ （**答え**：第1財についての最適消費計画）

$$x_2^* = \frac{E_0}{2P_2}$$ （**答え**：第2財についての最適消費計画）

【数学チェック】　2本の方程式を解く

$\frac{x_2}{x_1} = \frac{P_1}{P_2}$ より，$x_2 = \frac{P_1}{P_2} x_1$ を得ます。これを $P_1 x_1 + P_2 x_2 = E_0$ に代入します。$P_1 x_1 + P_2 x_2 = P_1 x_1 + P_2 \frac{P_1}{P_2} x_1 = 2P_1 x_1 = E_0$ であるので，$x_1^* = \frac{E_0}{2P_1}$ です。そして，これを $x_2 = \frac{P_1}{P_2} x_1$ に代入すると，$x_2^* = \frac{P_1}{P_2} x_1^* = \frac{P_1}{P_2} \frac{E_0}{2P_1} = \frac{E_0}{2P_2}$ が得られます。

【知っておきましょう】　ラグランジュ乗数法

上記では，ラグランジュ関数が以下のように特定化されました。

$$Z = U(x_1, x_2) + \lambda \{E_0 - (P_1 x_1 + P_2 x_2)\}$$
$$= x_1 \cdot x_2 + \lambda \{E_0 - (P_1 x_1 + P_2 x_2)\} \quad (ラグランジュ関数)$$
　　目的関数　　　　　制約条件

Zの最大化はUの最大化を意味しています。ラグランジュ乗数法は便利な方法であるので，マスターしましょう。

---

(5)　$U(x_1, x_2)$ が効用関数であるのに対し，$x_1 = x_1^*$，$x_2 = x_2^*$ を代入したときの効用関数 $U^*(x_1^*, x_2^*)$ は「間接効用関数」と呼ばれています。

$$U^* = x_1^* \cdot x_2^* = \frac{E_0}{2P_1} \cdot \frac{E_0}{2P_2} \quad \boxed{答え}$$

Ⅴ 価格消費曲線と需要曲線

　イカ，マグロを１切れずつ購入できるときに，イカ１切れが40円から80円に値上げされたとき，あなたならイカ，マグロを何切れずつ購入しますか。イカ１切れの価格の上昇によって予算制約線がどのように変化し，最適消費計画がどのように変化するかを図示しながら理解しましょう。イカ１切れの価格の上昇と最適消費計画点の変化の対応を理解し，需要曲線（マーシャルの需要曲線あるいは普通の需要曲線）を作図しましょう。

問題１－８　価格消費曲線とマーシャルの需要関数（普通の需要関数）

　ある１人の消費者が２つの財を消費しようとしています。消費者の効用関数は$U=U(x_1, x_2)=x_1 \cdot x_2$で与えられています。ここで，$x_1$，$x_2$＝第１，２財の消費量です。$P_1$，$P_2$＝第１，２財の価格，$E_0$＝消費者の予算とします。

(1) 第１財の価格（P_1）が上昇したとき，予算制約線はどのように変化しますか。

(2) 価格消費曲線を図示しなさい。

(3) マーシャルの需要曲線（普通の需要曲線）を図示しなさい。

(4) 第１，２財のマーシャルの需要関数（普通の需要関数）を求めなさい。

≪解答＆解答の解説≫

(1) 第１財の価格（P_1）の上昇により，予算制約線は縦軸切片（$\frac{E_0}{P_2}$）を固定したまま，横軸切片（$\frac{E_0}{P_1}$）は左へ移動します。予算制約線は時計回りの回転をし，傾きは急になります。

(2) 価格が変化（ここでは，$P_1 \rightarrow P_1' \rightarrow P_1''$と上昇：$P_2$，$E_0$は一定のまま）したときの最適消費計画（効用最大化）点の軌跡は「価格消費曲線」と呼ばれています。

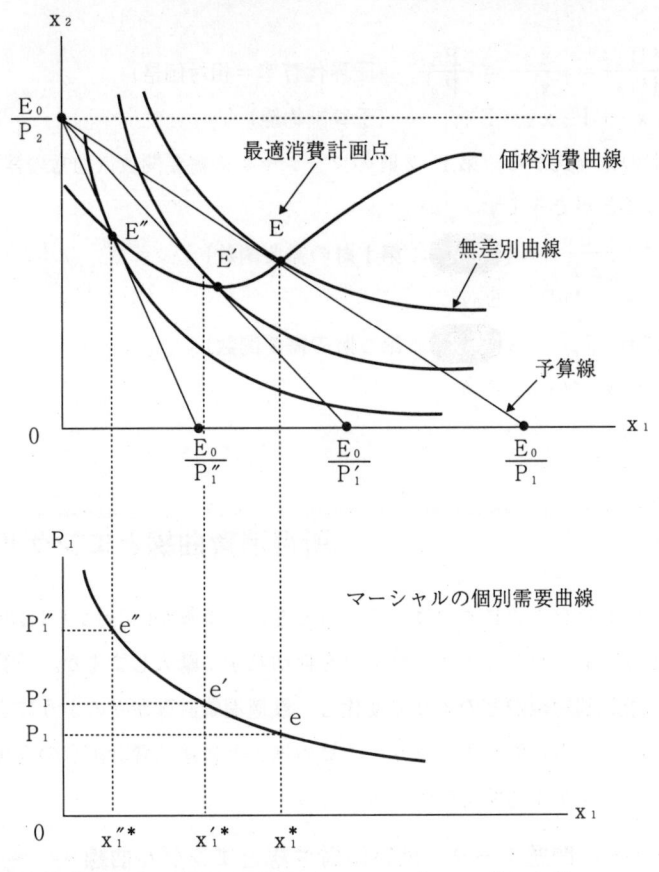

Chapter I 消費者行動理論の基礎

図1－10 価格消費曲線とマーシャルの個別需要曲線

(3) 価格消費曲線より，価格が変化（$P_1 \to P_1' \to P_1''$と上昇：P_2，E_0は一定のまま）したときの最適消費計画点（$x_1^* \to x_1'^* \to x_1''^*$）の軌跡を知ることができました。（$P_1 \to P_1' \to P_1''$）と（$x_1^* \to x_1'^* \to x_1''^*$）を対応させたものが「マーシャルの需要曲線（普通の需要曲線）」です。

(4) ここでの効用最大化問題は，

　　Max　$U = U(x_1, x_2) = x_1 \cdot x_2$　　（効用の最大化）
　　s.t.　$P_1 x_1 + P_2 x_2 = E_0$　　（予算制約線）

と定式化されます。効用最大化問題を「公式の暗記による方法」（☞ p.31）

によって解くと、最適消費計画 x_1^*, x_2^* を求めることができます。すなわち、

$$\frac{MU_1}{MU_2} = \frac{x_2}{x_1} = \frac{P_1}{P_2} \quad \text{（限界代替率＝相対価格）}$$

$$P_1 x_1 + P_2 x_2 = E_0 \quad \text{（予算制約線）}$$

の2本の方程式から、第1,2財のマーシャルの需要関数（通常の需要関数）を得ることができます。

$$x_1^* = \frac{E_0}{2P_1} \quad \boxed{\text{答え}}：第1財の需要関数$$
$$= x_1^*(P_1 : E_0)$$

$$x_2^* = \frac{E_0}{2P_2} \quad \boxed{\text{答え}}：第2財の需要関数$$
$$= x_2^*(P_2 : E_0)$$

VI 所得消費曲線とエンゲル曲線

イカ、マグロを1切れずつ購入できるときに、予算が640円から1,280円へ倍増したとき、あなたならイカ、マグロを何切れずつ購入しますか。予算の増大によって予算制約線がどのように変化し、最適消費計画がどのように変化するかを図示しながら理解しましょう。予算の増大と最適消費計画点の変化の対応を理解し、エンゲル曲線を作図しましょう。

問題1－9　所得消費曲線とエンゲル曲線

ある1人の消費者が2つの財を消費しようとしています。消費者の効用関数は $U = U(x_1, x_2) = x_1 \cdot x_2$ で与えられています。ここで、x_1, x_2＝第1,2財の消費量です。第1,2財の価格を $P_1 = 6$, $P_2 = 2$, 消費者の所得（予算）を E_0 とします。

(1) 所得（予算）が増大したとき、予算制約線はどのように変化しますか。
(2) 所得消費曲線を図示しなさい。
(3) エンゲル曲線を求め、図示しなさい。

Chapter I 消費者行動理論の基礎

≪解答&解答の解説≫
(1) 所得（E_0）の増大は横軸切片（$\frac{E_0}{P_1}$）を右へ，縦軸切片（$\frac{E_0}{P_2}$）を上へシフト，つまり予算制約線を右上方へシフトさせます **答え**。

(2) 所得（E_0）の増大により，予算制約線は，右上方へ平行シフトします。横軸切片（$\frac{E_0}{P_1}$）は右へ，縦軸切片（$\frac{E_0}{P_2}$）は上へシフトします。「所得消費曲線」は，所得が変化（$E_0 \to E_0' \to E_0''$と増大：P_1，P_2は一定のまま）したときの最適消費計画（効用の最大化）点の軌跡として図示されます。

図 1-11 所得消費曲線とエンゲル曲線（上級財）

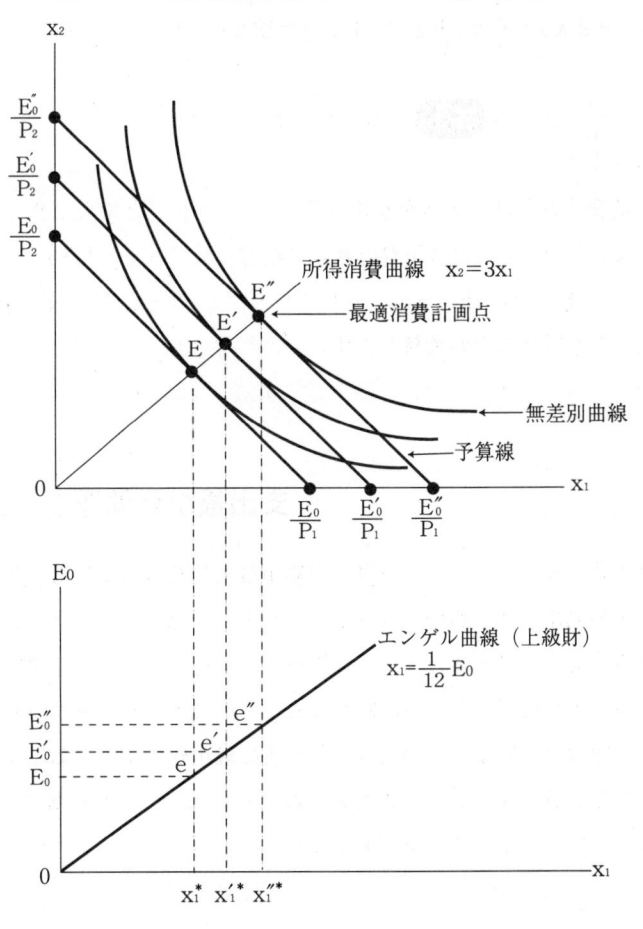

(3) ここでの効用最大化問題は次のように定式化されます。

　　Max　$U = x_1 \cdot x_2$　　　（効用の最大化）
　　s.t.　$6x_1 + 2x_2 = E_0$　（予算制約線）

エンゲル曲線は次の2本の方程式からx_2を消去することによって得ることができます。

$\dfrac{x_2}{x_1} = \dfrac{6}{2}$　　（限界代替率＝相対価格：所得消費曲線）

$6x_1 + 2x_2 = E_0$　（予算制約線）

つまり，$x_2 = \dfrac{6}{2} x_1 = 3x_1$ であるので，

$6x_1 + 2x_2 = 6x_1 + 2 \times (3x_1) = 12x_1 = E_0$

であり，

　　$x_1 = \dfrac{1}{12} E_0$　　（**答え**：エンゲル曲線）

が得られます。

　所得消費曲線より，所得が変化（$E_0 \to E_0' \to E_0''$と増大：P_1，P_2は一定のまま）したときの最適消費計画点の軌跡（$x_j^* \to x_j'^* \to x_j''^*$）を知ることができました。（$E_0 \to E_0' \to E_0''$）と（$x_j^* \to x_j'^* \to x_j''^*$）を対応させたものが「エンゲル曲線」です。

VII　支出最小化問題と支出関数

　効用最大化問題では，一定の予算での効用最大化を考えました。発想を逆転して，一定の効用水準を前提にした上で，支出（予算）を最小化するイカとマグロの組み合わせを考えましょう。効用最大化問題と支出最小化問題が裏表の関係にあることを図示しながら理解しましょう。このような裏表の関係は「双対問題」と呼ばれています。効用最大化と支出最小化の1階の条件式のちがいを理解しましょう。マーシャルの需要関数はE_0，ヒックスの需要関数はU_0の関数になっていることの意味を理解しましょう。

問題 1 − 10　支出最小化と支出関数

ある1人の消費者が2つの財を消費しようとしています。消費者の効用関数は $U = U(x_1, x_2) = x_1 \cdot x_2$ で与えられています。ここで，x_1，x_2 = 第1, 2財の消費量です。P_1，P_2 = 第1, 2財の価格，E_0 = 消費者の支出（予算）とします。

(1) この消費者の支出最小化問題を定式化しなさい。
(2) 最適消費計画（支出最小化）点は図中のどれですか。

図1−12　支出最小化問題

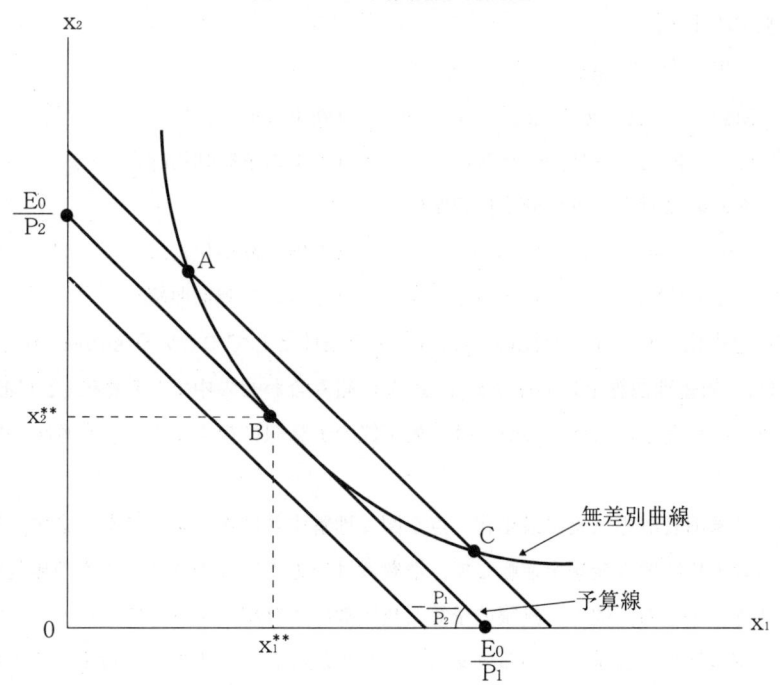

(3) 支出最小化の1階の条件を言葉で説明しなさい。
(4) ここでの支出最小化問題を解いて，第1, 2財の最適消費計画を求めなさい。
(5) ここでの支出関数を求めなさい。

≪解答＆解答の解説≫

(1) 「問題1－7　効用最大化と間接効用関数」では一定の予算での効用最大化を考えました。発想を逆転して，「問題1－10　支出最小化と支出関数」は一定の効用水準を前提にした上での，支出（予算）の最小化を考えるものです。効用最大化では，1本の予算制約線と無限数の無差別曲線を考え，消費者は予算制約線が最上位の無差別曲線と接する点（最適消費計画点）を求めました。支出最小化では，1本の無差別曲線と無限数の予算線（等支出線）を考え，消費者は無差別曲線が最下位の予算線と接する点（最適消費計画点）を求めます。

　　効用最大化問題が，

　　Max　$U=U(x_1, x_2)=x_1 \cdot x_2$　　（効用の最大化）
　　s.t.　$P_1 x_1 + P_2 x_2 = E_0$　　（1本の予算制約線）

であるのに対し，支出最小化問題は，

　　Min　$E = P_1 x_1 + P_2 x_2$　　（支出の最小化）
　　s.t.　$U(x_1, x_2) = x_1 \cdot x_2 = U_0$　　（1本の無差別曲線）

と定式化されます。上記の「s.t.（……を条件としてのという subject to）」は，「無差別曲線上にある（x_1, x_2）の組み合わせの中で」を意味し，「Min（最小化という Minimize）」は「最下位の予算線に接すること」を意味しています。

(2) 最適消費計画（支出最小化）点を図で理解すれば次のようになります。効用最大化問題の発想を逆転して，消費者は一方で有限の欲望（1本の無差別曲線）をもち，他方で無限の予算（無限数の予算線）をもっているとします。1本の無差別曲線上にある（x_1, x_2）の組み合わせの中で，最下位の予算線と接するもの，すなわち「無差別曲線と予算線が接している点」（B点：**答え**）が「最適消費計画（支出最小化）点」と呼ばれています。

(3) 無差別曲線の傾きは限界代替率（$MRS_{12} = \dfrac{MU_1}{MU_2}$），予算線の傾きの絶対値は（$\dfrac{P_1}{P_2}$）であるので，支出最小化の1階の条件は，次の2通りで表すことができます。

① 「限界代替率＝2財の価格比」と1本の無差別曲線 **答え**

$\dfrac{MU_1}{MU_2} = \dfrac{P_1}{P_2}$　（限界代替率＝2財の価格比）

$U(x_1, x_2) = U_0$　（1本の無差別曲線）

② 加重限界効用均等の法則と1本の無差別曲線 **答え**

$\dfrac{MU_1}{P_1} = \dfrac{MU_2}{P_2}$　（加重限界効用均等の法則）

$U(x_1, x_2) = U_0$　（1本の無差別曲線）

(4) ここでの支出最小化問題は次の2つの方法で解くことができます。

① 公式の暗記による方法

$\dfrac{MU_1}{MU_2} = \dfrac{P_1}{P_2}$　（限界代替率＝相対価格）

$U(x_1, x_2) = U_0$　（1本の無差別曲線）

の2式を理解しましょう。最適消費計画 $x_1{}^{**}$, $x_2{}^{**}$ は次のように求めることができます。すなわち，

$\dfrac{x_2}{x_1} = \dfrac{P_1}{P_2}$　（限界代替率＝相対価格）

$x_1 \cdot x_2 = U_0$　（1本の無差別曲線）

より，

$x_1{}^{**} = \left(\dfrac{P_2 U_0}{P_1}\right)^{\frac{1}{2}}$　（**答え**：第1財についての最適消費計画）

$x_2{}^{**} = \left(\dfrac{P_1 U_0}{P_2}\right)^{\frac{1}{2}}$　（**答え**：第2財についての最適消費計画）

② ラグランジュ乗数法を用いる方法

次のラグランジュ関数を作ります。λ＝ラグランジュ未定乗数（λはギリシャ文字のラムダです）とすると，

$Z = E(x_1, x_2) + \lambda(U_0 - x_1 \cdot x_2)$

$\quad = \underbrace{P_1 x_1 + P_2 x_2}_{\text{目的関数}} + \lambda \underbrace{(U_0 - x_1 \cdot x_2)}_{\text{制約条件}}$　（ラグランジュ関数）

です。Zが最小値をもつための1階の条件は次のものです。

$Z_1 = \dfrac{\partial Z}{\partial x_1} = E_1(x_1, x_2) - \lambda x_2$　（Zの x_1 についての偏微分）

$\qquad\quad = P_1 - \lambda x_2 = 0$

$Z_2 = \dfrac{\partial Z}{\partial x_2} = E_2(x_1, x_2) - \lambda x_1$　（Zの x_2 についての偏微分）

$$= P_2 - \lambda x_1 = 0$$
$$Z_\lambda = \frac{\partial Z}{\partial \lambda} = U_0 - x_1 \cdot x_2 = 0 \quad (制約条件)$$

上記の1階の条件式3本のうちの最初の2本の式より，
$$\lambda = \frac{P_1}{x_2} = \frac{P_2}{x_1}$$
であるので，
$$\frac{x_2}{x_1} = \frac{P_1}{P_2}$$
が得られます。左辺は $x_2 = \frac{\partial U}{\partial x_1} = MU_1$，$x_1 = \frac{\partial U}{\partial x_2} = MU_2$ であるので，2財の限界効用の比率であり，限界代替率と呼ばれているものです。右辺は2財の相対価格です。第1, 2財の最適消費計画は次の2個の未知数 x_1，x_2 をもつ，2本の方程式を解くことによって求めることができます。

$$\frac{x_2}{x_1} = \frac{P_1}{P_2} \quad (限界代替率＝相対価格)$$
$$U(x_1,\ x_2) = x_1 \cdot x_2 = U_0 \quad (制約式：1本の無差別曲線)$$

かくて，
$$x_1^{**} = \left(\frac{P_2 U_0}{P_1}\right)^{\frac{1}{2}} \quad \text{答え}：第1財についての最適消費計画$$
$$x_2^{**} = \left(\frac{P_1 U_0}{P_2}\right)^{\frac{1}{2}} \quad \text{答え}：第2財についての最適消費計画$$

(5) $E(x_1, x_2) = P_1 x_1 + P_2 x_2$ が支出方程式であるのに対し，$x_1 = x_1^{**}$，$x_2 = x_2^{**}$ を代入したときの $E^{**}(x_1^{**},\ x_2^{**})$ は「支出関数」と呼ばれています。

$$E^{**} = P_1 x_1^{**} + P_2 x_2^{**}$$
$$= P_1 \left(\frac{P_2 U_0}{P_1}\right)^{\frac{1}{2}} + P_2 \left(\frac{P_1 U_0}{P_2}\right)^{\frac{1}{2}}$$
$$= (P_1 P_2 U_0)^{\frac{1}{2}} + (P_1 P_2 U_0)^{\frac{1}{2}} = 2(P_1 P_2 U_0)^{\frac{1}{2}} \quad \text{答え}$$

Chapter I　消費者行動理論の基礎

> **【より高度な学習のために】　効用最大化問題と支出最小化問題の双対性**
>
> 次の効用最大化問題と支出最小化問題を考えます。
>
> 　　Max　$U=U(x_1, x_2)$　（効用の最大化）
> 　　s.t.　$P_1 x_1 + P_2 x_2 = E_0 = P_1 x_1^{**} + P_2 x_2^{**}$
>
> 　　　　　　　　　　　　　　　　　　（1本の予算制約線）
>
> および
>
> 　　Min　$E = P_1 x_1 + P_2 x_2$　（支出の最小化）
> 　　s.t.　$U(x_1, x_2) = U_0 = U(x_1^*, x_2^*)$　（1本の無差別曲線）
>
> 　このとき，x_1^*，x_2^*（効用最大化問題の解）とx_1^{**}，x_2^{**}（支出最小化問題の解）は，$x_1^* = x_1^{**}$，$x_2^* = x_2^{**}$の関係にあることが，2つの問題が「双対（そうつい）」であることを示しています。

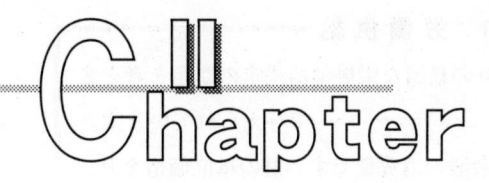

Chapter 消費者行動理論の応用

本章のポイントは次の4点です。
(1) 労働供給（財と余暇の選択），貯蓄（現在財と将来財の選択）の決定は2つの現在財（イカ，マグロ）の選択を取り上げている通常の消費者行動理論の応用問題です。
(2) 需要曲線の性質（需要の価格弾力性，需要の所得弾力性）を理解しましょう。
(3) 代替効果と所得効果を図示しながら理解しましょう。価格が変化したとき，代替効果と所得効果の両方を考えるのがマーシャルの需要曲線，代替効果のみを考えるのがヒックスの需要曲線であることを理解しましょう。
(4) 代替財と補完財，粗代替財と粗補完財のちがいを理解しましょう。

I 効用最大化問題の応用

労働供給（財と余暇の選択），貯蓄（現在財と将来財の選択）の決定は2つの現在財（イカ，マグロ）の選択を取り上げている通常の消費者行動理論の応用問題です。

問題2−1 労働供給

ある個人の1日（24時間）当たりの最適な労働供給決定の問題を考えます。個人の効用関数は $U=U(x_1, x_2)=x_1 \cdot x_2$ で与えられています。ここで，x_1＝財の消費量，x_2＝余暇の消費量です。財の単位価格を P，余暇の単位価格（機会費用：労働1時間当たりの貨幣賃金率）を w とします。

(1) この個人の予算制約式を求めなさい。
(2) 横軸に x_1，縦軸に x_2 をとって，予算制約線を図示しなさい。
(3) この個人の労働供給関数を求めなさい。

≪解答＆解答の解説≫

(1) これまでは，2つの現在財の選択問題を取り上げました。ここでは財と余暇の選択を取り上げますが，労働供給量＝24時間−余暇の消費量であるので，その選択は労働供給量を決定します。

$$P x_1 + w x_2 = 24w$$ （**答え**：予算制約式）

【知っておきましょう】　留保需要

この個人は24時間だけの時間量を与えられた状態で，働くか，働かないかの選択を行っています。「働かないこと」つまり余暇は時間を留保需要しているものと解釈されます。

(2) $P x_1 + w x_2 = 24w$（予算制約式）において，$x_1=0$ のとき $x_2=24$（縦軸切片），$x_2=0$ のとき $x_1=\dfrac{24w}{P}$（横軸切片）です。

$$x_2 = \left(-\dfrac{P}{w}\right)x_1 + 24$$

であるので，傾きは $\left(-\dfrac{P}{w}\right)$ です。

図2-1 予算制約線

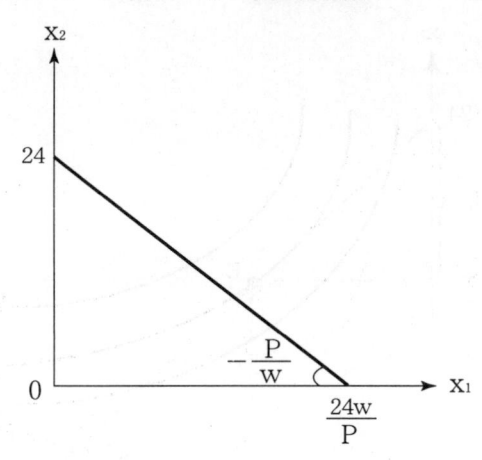

(3) ここでの効用最大化問題は，

Max　$U = U(x_1, x_2) = x_1 \cdot x_2$　　（効用の最大化）
s.t.　$P x_1 + w x_2 = 24w$　　　（予算制約線）

と定式化されます。効用最大化問題を「公式の暗記による方法」（☞p.31）によって解くと，最適消費計画 x_1^*，x_2^* を求めることができます。すなわち，

$$\frac{MU_1}{MU_2} = \frac{x_2}{x_1} = \frac{P}{w}$$　（限界代替率＝相対価格）
$P x_1 + w x_2 = 24w$　　（予算制約線）

の2本の方程式より，

$x_1^* = 12 \left(\frac{w}{P} \right)$　（財の最適消費量）
$x_2^* = 12$　　　　　（余暇の最適消費量）

を得ることができるので，最適労働供給量を L^{S*} とすると，

$L^{S*} = 24 - x_2^* = 24 - 12 = 12$　（**答え**：時間）

です。

図2－2　最適労働供給

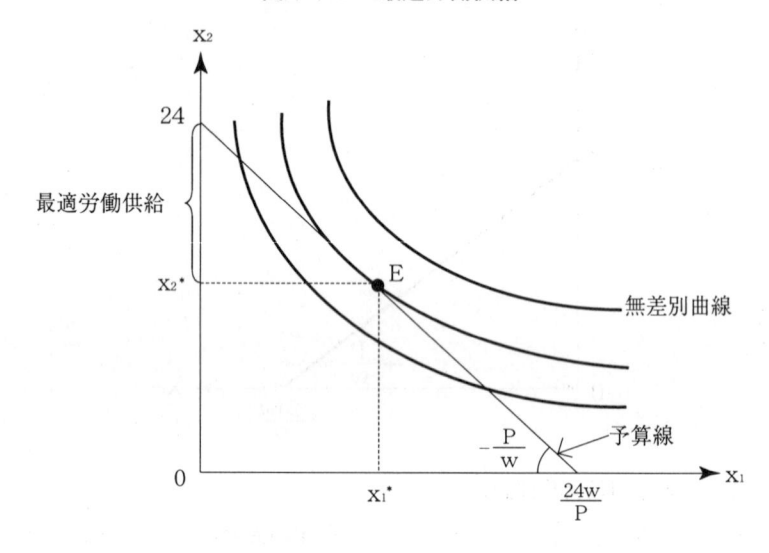

（グラフ：縦軸 x_2、横軸 x_1。縦軸切片24、横軸切片 $\frac{24w}{P}$、予算線の傾き $-\frac{P}{w}$、最適点E (x_1^*, x_2^*)、無差別曲線、最適労働供給は24から x_2^* まで）

問題2－2　貯蓄の決定

ある1人の消費者の人生が2期間（若年期の第1期と老年期の第2期）からなっているとします。消費者は生涯にわたっての効用の最大化を図ろうとしています。消費者の効用関数は $U=U(C_1, C_2)=3C_1^a \cdot C_2^b$ で与えられています。ここで，C_1，C_2＝第1, 2期の消費量です。現在財と将来財の価格はともに1で一定とします。消費者の第1, 2期の予算をそれぞれ Y_1，Y_2 とします。利子率を r とします。

(1) この消費者の予算制約式を求めなさい。
(2) 予算制約線を図示しなさい。
(3) この消費者の貯蓄関数を求めなさい。
(4) この消費者の主観的時間選好率を求めなさい。
(5) 主観的時間選好率の大小と貯蓄の関係を述べなさい。

Chapter Ⅱ 消費者行動理論の応用

≪解答&解答の解説≫

(1) 貯蓄とは現在財を選ばず，将来財を選ぶことです。これまでの問題は2つの現在財の選択問題でしたが，ここでの問題は現在財と将来財の選択問題です。予算制約式は次の2通りの方法で求めることができます。

① 貯蓄（S）の概念を用いる方法

$Y_1 = C_1 + S$　　　（第1期の予算制約式：貯蓄の定義）

$(1+r)S + Y_2 = C_2$　（第2期の予算制約式）

上記の式からSを消去します。

$(1+r)(Y_1 - C_1) + Y_2 = C_2$　　**答え**：生涯にわたる予算制約式）

$C_2 = -(1+r)C_1 + \{(1+r)Y_1 + Y_2\}$

であり，$(1+r)$で割って，整理すると，

$$Y_1 + \frac{Y_2}{1+r} = C_1 + \frac{C_2}{1+r}$$

が得られます。

② 現在価値の概念を用いる方法

$C_1 + \dfrac{C_2}{1+r} = Y_1 + \dfrac{Y_2}{1+r}$　　**答え**：生涯にわたる予算制約式）

現在財と将来財の価格はともに1ですが，将来財の価格の現在価値は$\dfrac{1}{1+r}$です。消費者の第1期，第2期の予算はそれぞれY_1，Y_2ですが，第2期の予算の現在価値は$\dfrac{Y_2}{1+r}$です。

(2) $C_1 + \dfrac{C_2}{1+r} = Y_1 + \dfrac{Y_2}{1+r}$（予算制約式）において，$C_1 = 0$のとき $C_2 = (1+r)Y_1 + Y_2$（縦軸切片），$C_2 = 0$のとき$C_1 = Y_1 + \dfrac{Y_2}{1+r}$（横軸切片）です。

$C_2 = -(1+r)C_1 + \{(1+r)Y_1 + Y_2\}$

であるので，傾きは$-(1+r)$です。

図2－3　予算制約線

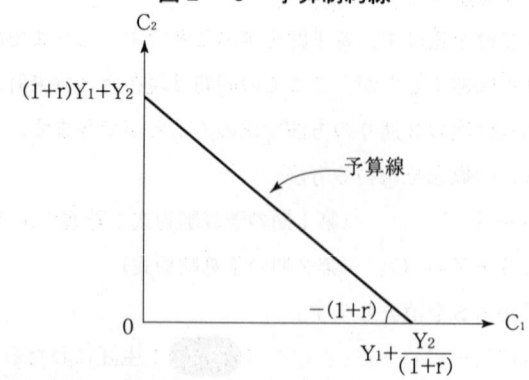

（グラフ：縦軸 C_2、横軸 C_1、縦軸切片 $(1+r)Y_1+Y_2$、横軸切片 $Y_1+\dfrac{Y_2}{1+r}$、傾き $-(1+r)$、予算線）

(3) ここでの効用最大化問題は次のように定式化されます。

Max　$U = 3C_1^a \cdot C_2^b$　（効用の最大化）

s.t.　$C_1 + \dfrac{C_2}{1+r} = Y_1 + \dfrac{Y_2}{1+r}$　（予算制約線）

次のラグランジュ関数を作ります。λ＝ラグランジュ未定乗数とすれば、

$$Z = U(C_1, C_2) + \lambda \left\{ Y_1 + \dfrac{Y_2}{1+r} - C_1 - \dfrac{C_2}{1+r} \right\}$$

$$= \underbrace{3C_1^a \cdot C_2^b}_{\text{目的関数}} + \lambda \underbrace{\left\{ Y_1 + \dfrac{Y_2}{1+r} - C_1 - \dfrac{C_2}{1+r} \right\}}_{\text{制約条件}}$$

であり、Zが最大値をもつための1階の条件は次のものです。

$$Z_1 = \dfrac{\partial Z}{\partial C_1} = U_1(C_1, C_2) - \lambda$$

$$= 3aC_1^{a-1} \cdot C_2^b - \lambda = 0$$

$$Z_2 = \dfrac{\partial Z}{\partial C_2} = U_2(C_1, C_2) - \dfrac{\lambda}{1+r}$$

$$= 3C_1^a \cdot bC_2^{b-1} - \dfrac{\lambda}{1+r} = 0$$

$$Z_\lambda = \dfrac{\partial Z}{\partial \lambda} = Y_1 + \dfrac{Y_2}{1+r} - C_1 - \dfrac{C_2}{1+r} = 0$$

$U_1(C_1, C_2) = \dfrac{\partial U}{\partial C_1}$，$U_2(C_1, C_2) = \dfrac{\partial U}{\partial C_2}$ はそれぞれ現在財、将来財の限界効用です。上記の1階の条件式3本のうちの最初の2本の式より、

$$\lambda = 3aC_1^{a-1} \cdot C_2^b = (3C_1^a \cdot bC_2^{b-1})(1+r)$$

であるので、

$$\frac{3aC_1^a(\frac{1}{C_1})\cdot C_2^b}{3C_1^a\cdot bC_2^b(\frac{1}{C_2})}=1+r$$

が得られます。左辺は2財の限界効用の比率（$MRS_{12}=\frac{MU_1}{MU_2}$）であり，「時間限界代替率」と呼ばれているものです。右辺は2財の相対価格（$P_1=1$, $P_2=\frac{1}{1+r}$ であるので，$\frac{P_1}{P_2}=1+r$）です。上記の式を次のように整理すると，

$$\frac{a}{b}\frac{C_2}{C_1}=1+r \qquad \text{（時間限界代替率＝相対価格）}$$

$$C_1+\frac{C_2}{1+r}=Y_1+\frac{Y_2}{1+r} \qquad \text{（予算制約線）}$$

の2本の方程式より，

$$C_1^*=\frac{a}{a+b}\cdot(Y_1+\frac{Y_2}{1+r}) \qquad \text{（現在財に対する需要関数）}$$

が得られ，かくて，貯蓄関数は，

$$\begin{aligned}S^*&=Y_1-C_1^*\\&=Y_1-\frac{a}{a+b}\cdot(Y_1+\frac{Y_2}{1+r})\\&=\frac{b}{a+b}Y_1-\frac{a}{a+b}\cdot\frac{1}{1+r}Y_2 \quad \text{答え}\end{aligned}$$

です。

図2-4　貯　　蓄

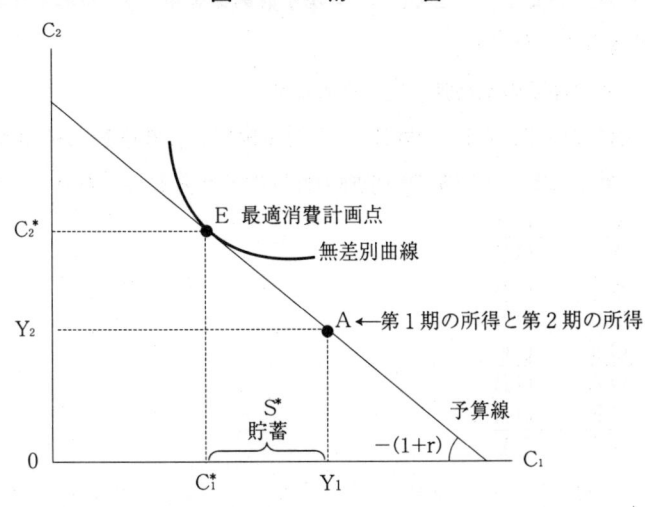

(4) 「1－時間限界代替率」は「将来財の主観的割引率」あるいは「主観的時間選好率」と呼ばれています。したがって，主観的時間選好率は，
$1 - \dfrac{a}{b} \cdot \dfrac{C_2}{C_1}$ 答え です。

(5) 主観的時間選好率が大きいときは現在財を重視して，借入（負の貯蓄）を行います。主観的時間選好率が小さいときは将来財を重視して，運用（正の貯蓄）を行います。

II 代替効果と所得効果

イカの価格が上昇したとき，イカの購入量はどうなるのでしょうか。イカの価格の上昇による最適消費計画点（イカの効用最大化消費量）の変化は代替効果と所得効果に分解され，それは「スルツキー分解」と呼ばれています。

問題2－3　需要の価格弾力性

第1財の需要関数が，
$$x_1 = \dfrac{a}{a+b} \cdot \dfrac{E_0}{P_1}$$
で与えられています。ここで，x_1＝第1財の需要量，P_1＝第1財の価格，E_0＝消費者の予算です。

(1) 第1財の需要の価格弾力性を求めなさい。

(2) 下図において，DD′は財X_1の需要曲線です。価格P_1がOAからOCに上昇したとき，需要の価格弾力性は次のうちどれですか。

① $\dfrac{EB}{AC} \cdot \dfrac{OA}{OE}$

② $\dfrac{EB}{OC} \cdot \dfrac{OA}{OB}$

③ $\dfrac{OE}{OA} \cdot \dfrac{OC}{OB}$

④ $\dfrac{EB}{AC} \cdot \dfrac{OA}{OB}$

Chapter Ⅱ　消費者行動理論の応用

図2−5　需要の価格弾力性

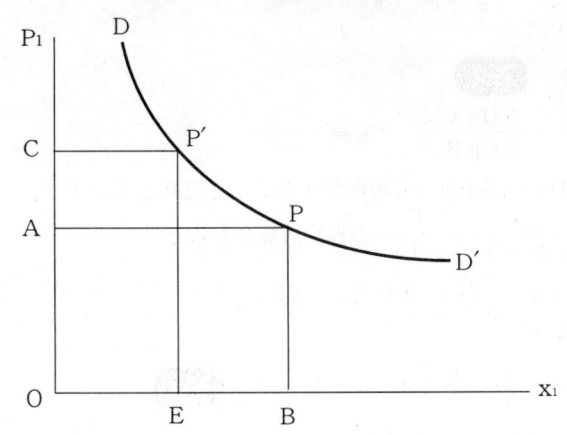

(3) 需要の価格弾力性（ε_D）に関する以下の記述のうち，正しいものはどれですか。

① $\varepsilon_D<1$ のとき，価格が上昇すれば収入は減少する。
② $\varepsilon_D<1$ のとき，価格が下落すれば収入は増加する。
③ $\varepsilon_D=1$ のとき，価格が変化しても収入は変化しない。
④ $\varepsilon_D>1$ のとき，価格が上昇すれば収入は増加する。
⑤ $\varepsilon_D>1$ のとき，価格が下落すれば収入は減少する。

≪解答＆解答の解説≫

(1) 第1財の需要の価格弾力性（ε_{D1}）の定義と具体値は次のとおりです。求め方には2通りあります。

① $\varepsilon_{D1}=-\dfrac{\dfrac{dx_1}{x_1}}{\dfrac{dP_1}{P_1}}=-\left(\dfrac{\partial x_1}{\partial P_1}\right)\cdot\left(\dfrac{P_1}{x_1}\right)$　（定義）

$\dfrac{\partial x_1}{\partial P_1}=\dfrac{a}{a+b}\cdot\dfrac{-E_0}{P_1{}^2}$

です。$x_1=\dfrac{a}{a+b}\cdot\dfrac{E_0}{P_1}$ より，

$$\frac{P_1}{x_1} = \frac{a+b}{a} \cdot \frac{P_1{}^2}{E_0}$$

であるので，

$\varepsilon_{D1} = 1$ 　答え

② $\varepsilon_{D1} = -\dfrac{\partial (\ln x_1)}{\partial (\ln P_1)}$ 　（定義）

これは $\ln x_1$ を $\ln P_1$ で偏微分することを意味しています。

$x_1 = \dfrac{a}{a+b} \cdot \dfrac{E_0}{P_1}$ の自然対数をとると，

$\ln x_1 = \ln \dfrac{a}{a+b} + \ln E_0 - \ln P_1$

であるので，

$\varepsilon_{D1} = -\dfrac{\partial (\ln x_1)}{\partial (\ln P_1)} = -(-1) = 1$ 　答え

【数学チェック】　常用対数と自然対数の「対数の法則」

常用対数（log）は10を底とし，自然対数（ln）はeを底としています。

$x_1 = \dfrac{a}{a+b} \cdot \dfrac{E_0}{P_1}$ の自然対数をとると，

$\ln x_1 = \ln \left(\dfrac{a}{a+b} \cdot \dfrac{E_0}{P_1} \right)$

であり，$\ln \left(\dfrac{a}{a+b} \cdot \dfrac{E_0}{P_1} \right)$ は対数の法則を用いて，

$\ln \left(\dfrac{a}{a+b} \cdot \dfrac{E_0}{P_1} \right) = \ln \dfrac{a}{a+b} + \ln E_0 - \ln P_1$

になります。水準の掛け算は対数をとると足し算（＋），割り算は対数をとると引き算（－）になります。

---

(2)　一般には，需要の価格弾力性の大きさは需要曲線上のどこで測るかによって異なります。④は点Pにおける需要の価格弾力性です。

(3)　第1財の需要関数 $x_1 = \dfrac{a}{a+b} \cdot \dfrac{E_0}{P_1}$ からは，両辺に P_1 をかけて，

$P_1 x_1 = \dfrac{a}{a+b} \cdot E_0$ 　（収入）

を得ることができます。$P_1 x_1$（収入）の大きさは $\dfrac{a}{a+b} \cdot E_0$ で，P_1 には依存していません。つまり，$\varepsilon_D = 1$ のときは，価格が変化しても収入は変化しません。したがって，　答え　は③です。

Chapter Ⅱ　消費者行動理論の応用

【知っておきましょう】　価格上昇の収入への影響

一般には，R＝収入，P＝価格，x＝数量（需要量）とすると，

$$R = P \cdot x(P) \quad (\text{収入})$$

です。価格が変化したときの収入の変化を見るために，RをPで微分すると，

$$\frac{dR}{dP} = \frac{dP}{dP} x + P \frac{dx}{dP}$$
$$= x + P \frac{dx}{dP}$$

であり，

$$\varepsilon_D = -\frac{\frac{dx}{x}}{\frac{dP}{P}} = -\frac{dx}{dP} \cdot \frac{P}{x} \quad (\text{価格弾力性の定義})$$

であるので，

$$\frac{dR}{dP} = x - \varepsilon_D x$$
$$= (1 - \varepsilon_D) x$$

が得られます。したがって，

$\varepsilon_D < 1$ のとき，$\dfrac{dR}{dP} > 0$　（価格上昇によって収入増加）

$\varepsilon_D = 1$ のとき，$\dfrac{dR}{dP} = 0$　（価格上昇によって収入不変）

$\varepsilon_D > 1$ のとき，$\dfrac{dR}{dP} < 0$　（価格上昇によって収入減少）

です。

問題2−4　需要の所得弾力性

第1財の需要関数が，

$$x_1 = \frac{a}{a+b} \cdot \frac{E_0}{P_1}$$

で与えられています。ここで，x_1＝第1財の需要量，P_1＝第1財の価格，E_0＝消費者の予算（所得）です。

(1)　第1財の需要の所得弾力性を求めなさい。

(2)　需要の所得弾力性を用いて，必需財と奢侈財のちがいを説明しなさい。

≪解答&解答の解説≫

(1) 第1財の需要の所得弾力性（ε_E）の定義と具体値は次のとおりです。求め方には2通りあります。

① $\varepsilon_E = \dfrac{\frac{dx_1}{x_1}}{\frac{dE_0}{E_0}} = \dfrac{\partial x_1}{\partial E_0} \cdot \dfrac{E_0}{x_1}$ （定義）

$\dfrac{\partial x_1}{\partial E_0} = \dfrac{a}{a+b} \cdot \dfrac{1}{P_1}$

です。

$x_1 = \dfrac{a}{a+b} \cdot \dfrac{E_0}{P_1}$

より，

$\dfrac{E_0}{x_1} = \dfrac{a+b}{a} \cdot P_1$

であるので，

$\varepsilon_E = \dfrac{a}{a+b} \cdot \dfrac{1}{P_1} \cdot \dfrac{a+b}{a} P_1 = 1$ **答え**

② $\varepsilon_E = \dfrac{\partial (\ln x_1)}{\partial (\ln E_0)}$ （定義）

これは$\ln x_1$を$\ln E_0$で偏微分することを意味しています。

$x_1 = \dfrac{a}{a+b} \cdot \dfrac{E_0}{P_1}$ の自然対数をとると，

$\ln x_1 = \ln \dfrac{a}{a+b} + \ln E_0 - \ln P_1$

であるので，

$\varepsilon_E = \dfrac{\partial (\ln x_1)}{\partial (\ln E_0)} = 1$ **答え**

(2) 需要の所得弾力性がプラスであり，かつ1より小さい財は必需財，1より大きい財は奢侈財とそれぞれ呼ばれています。

問題2－5　代替効果・所得効果とヒックスの需要曲線・マーシャルの需要曲線

ある消費者の無差別曲線（$U = x_1 \cdot x_2$）と予算制約線（$P_1 x_1 + P_2 x_2 = E_0$）が下図のように与えられているとき，以下の問いに答えなさい。

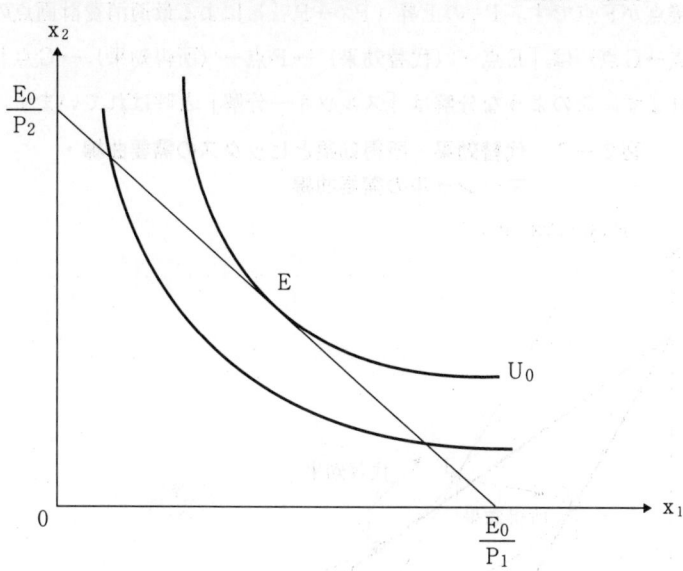

図2-6 代替効果と所得効果（スルツキー分解）の図示

(1) 第1財の価格（P_1）が上昇した場合の，代替効果と所得効果（スルツキー分解）を図示しなさい。

(2) 問1で図示された代替効果と所得効果を踏まえて，第1財のヒックスの需要曲線（補償需要曲線）を図示しなさい。

(3) 補償需要曲線の「補償」の意味を説明しなさい。

(4) 問1で図示された代替効果と所得効果を踏まえて，第1財のマーシャルの需要曲線を図示しなさい。

≪解答＆解答の解説≫

(1) P_1の上昇により，予算制約線は縦軸切片（$\dfrac{E_0}{P_2}$）を固定したまま，時計回りの回転をします。予算を補償すること（$E_0 \to E_0{}'$）によって，新しい予算制約線と同じ傾きをもち，元の効用水準U_0の無差別曲線と接する架空の予算制約線，

$$x_2 = -\dfrac{P_1{}'}{P_2} x_1 + \dfrac{E_0{}'}{P_2}$$

を描くことができます。この架空の予算制約線と効用水準U_0の無差別曲線との接点がF点です。P_1の上昇（$P_1 \to P_1'$）による最適消費計画点の変化（E点→G点）は「E点－（代替効果）→F点－（所得効果）→G点」に分解されます。このような分解は「スルツキー分解」と呼ばれています。

図2－7　代替効果・所得効果とヒックスの需要曲線・マーシャルの需要曲線

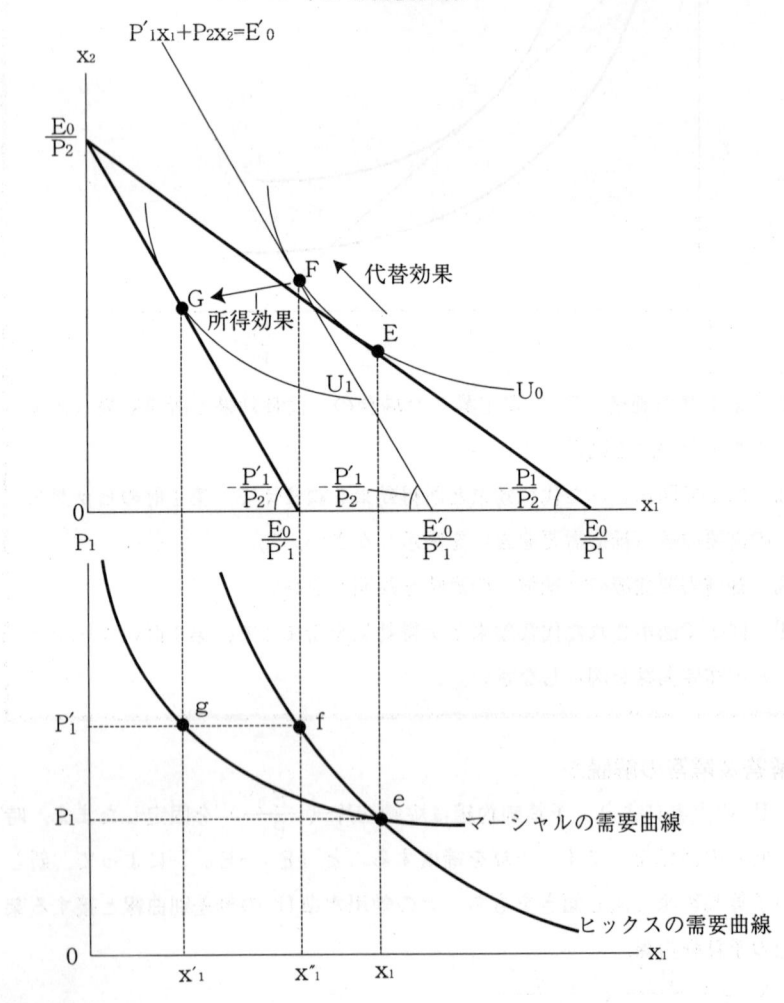

(2) 代替効果はE点→F点で表されています。代替効果だけを考えれば，P_1の上昇は必ず，第1財の購入量を減少させます。第1財の価格が高くなれば，消費者は第1財の購入を減らし，第2財の購入で代替します。

$x_1^{**} = x_1^{**}(P_1 : P_2, U_0)$　（第1財のヒックスの需要関数）

です（コロン：以下のP_2，U_0は一定で，x_1^{**}がP_1の関数であることを示しています）。

(3) 価格が変化したとき，予算集合は変化するので，新しい最適消費計画の効用水準は価格が変化する前に達成されていた効用水準とは異なったものになります。しかし，価格が変化しても，所得を増減すれば，つまり予算集合を変化させれば，価格が変化する前に達成されていた効用水準を維持することができます。このような所得の増減は「補償」と呼ばれています。

(4) P_1の上昇による最適消費計画点の全体の変化は代替効果と所得効果の両方を含んでいます。

$x_1^* = x_1^*(P_1 : P_2, E_0)$　（第1財のマーシャルの需要関数）

であるので（コロン：以下のP_2，E_0は一定で，x_1^*がP_1の関数であることを示しています），

　　P_1の上昇→（代替効果）→x_1^*の減少
　　P_1の上昇→（所得効果）→x_1^*（上級財）の減少
　　　　　　　　　　　　　　　x_1^*（下級財）の増大

です。

問題2－6　全体効果(代替効果と所得効果)による財の分類

ある消費者の無差別曲線（$U = x_1 \cdot x_2$）と予算制約線（$P_1 x_1 + P_2 x_2 = E_0$）が下図のように与えられているとき，以下の問いに答えなさい。

図2－8 全体効果（代替効果と所得効果）による財の分析

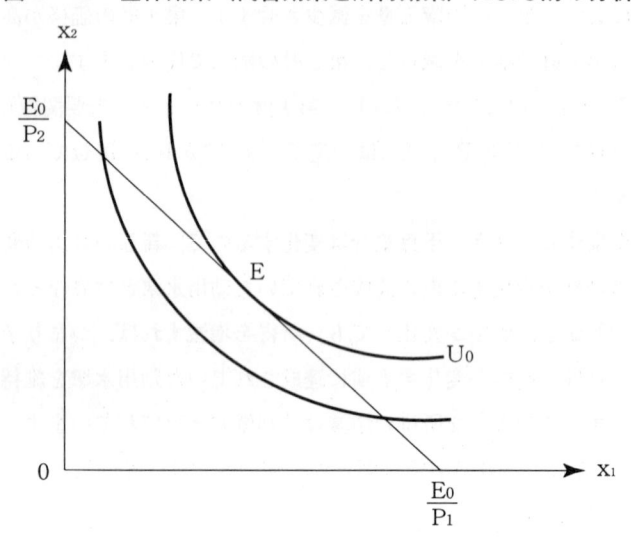

(1) P_1の上昇による所得効果を説明しなさい。
(2) 上級財（正常財）と下級財（劣等財）のちがいを説明しなさい。
(3) ギッフェン財とは何ですか。

≪解答＆解答の解説≫

(1) P_1の上昇による予算集合の縮小の効果は「所得効果」と呼ばれています（問題2－5の図2－7のF点→G点：☞p.58）。
(2) 予算集合が縮小したとき，最適消費量が減少する財は上級財（正常財），増大する財は下級財（劣等財）とそれぞれ呼ばれています。つまり，

$x_1^* = x_1^*(P_1, P_2, E_0)$ （第1財のマーシャルの需要関数）

とすると，第1財は，

$\dfrac{\partial x_1^*}{\partial E_0} > 0$ のとき，上級財（正常財）

$\dfrac{\partial x_1^*}{\partial E_0} < 0$ のとき，下級財（劣等財）

と呼ばれています。

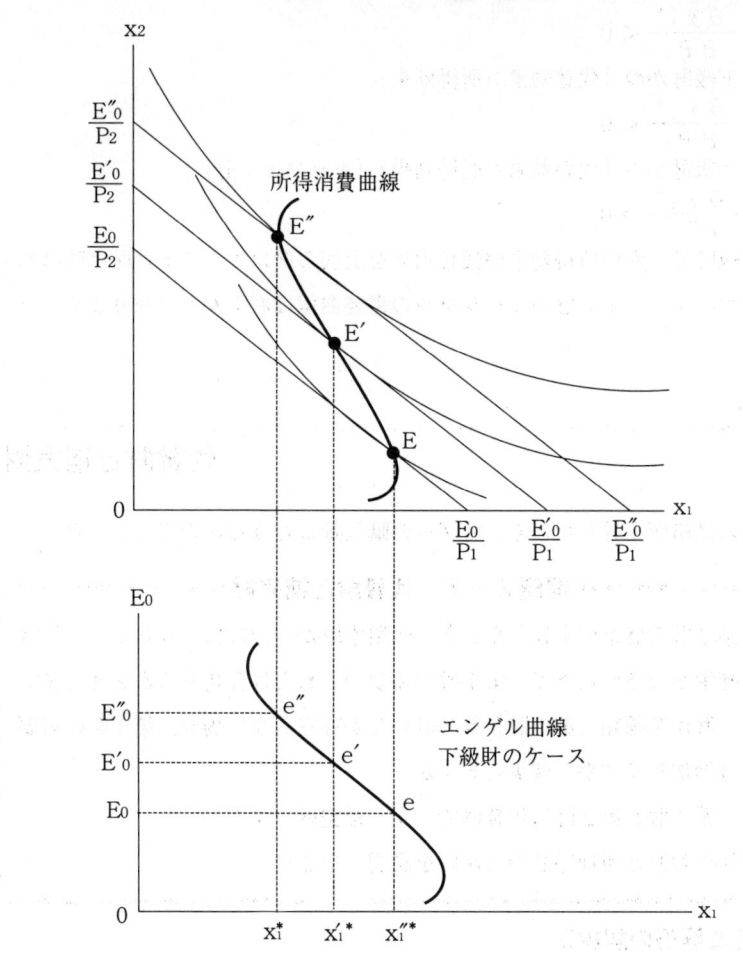

Chapter Ⅱ　消費者行動理論の応用

図2-9　下　級　財

(3)　$x_1^* = x_1^*(P_1, P_2, E_0)$　（第1財のマーシャルの需要関数）
とすると，

　　P_1の上昇→（代替効果）→x_1^*の減少

　　P_1の上昇→（所得効果：予算集合の縮小）→x_1^*（上級財）の減少
　　　　　　　　　　　　　　　　　　　　　　x_1^*（下級財）の増大

であり，財は次のように分類されます。

① 上級財
$$\frac{\partial x_1^*}{\partial P_1} < 0$$
② 下級財かつ「代替効果＞所得効果」
$$\frac{\partial x_1^*}{\partial P_1} < 0$$
③ 下級財かつ「代替効果＜所得効果」（ギッフェン財）
$$\frac{\partial x_1^*}{\partial P_1} > 0$$

　下級財で，かつ所得効果が代替効果を上回る財はギッフェン財と呼ばれています。ギッフェン財のマーシャルの需要曲線は右上がりになります。

III　代替財と補完財

　イカの価格が上昇したとき，マグロの購入量はどうなるのでしょうか。

問題2－7　代替財と補完財

(1)　第2財の価格が上昇したとき，効用水準が一定に保たれるように所得の補償がなされた下で，第1財の需要がどれだけ変化するかを考えます。
　① 財が2種類（第1財と第2財）しか存在しない場合，第1財の需要は増加しますか，減少しますか。
　② 第1財と第2財は代替財ですか，補完財ですか。
(2)　粗代替財と粗補完財のちがいを説明しなさい。

≪解答＆解答の解説≫

(1)　ヒックスの需要関数を，
　　$x_1^{**} = x_1^{**}(P_1, P_2, U_0)$　（第1財のヒックスの需要関数）
とします。
　① $\frac{\partial x_1^{**}}{\partial P_2} > 0$　（交差代替効果）
　　第2財の価格が上昇したとき，価格変化前の効用水準を維持するように所得の補償が行われれば，第1財の需要は増加します。

② 2財は必ずや代替財の関係にあります。しかし，3財以上のときはすべての財が互いに代替財になるとは限りません。

(2) マーシャルの需要関数を，

$x_1^* = x_1^*(P_1, P_2, E_0)$ （第1財のマーシャルの需要関数）

とします。

P_2の上昇→（代替効果）→x_1^*の増大

P_2の上昇→（所得効果：予算集合の縮小）→x_1^*（上級財）の減少

　　　　　　　　　　　　　　　　　　　　　x_1^*（下級財）の増大

であり，粗代替財と粗補完財は次のように定義されます。

① 粗 代 替 財

$\dfrac{\partial x_1^*}{\partial P_2} > 0$のとき，第1財と第2財は「粗代替財」であると呼ばれます。すなわち，第2財の価格が上昇したとき第2財の購入量は減少しますが，第1財の購入量は第2財に代替するために増加します。

② 粗 補 完 財

$\dfrac{\partial x_1^*}{\partial P_2} < 0$のとき，第1財と第2財は「粗補完財」であると呼ばれます。すなわち，第2財の価格が上昇したとき第2財の購入量は減少し，第1財の購入量は第2財と同様に減少します。

Chapter III

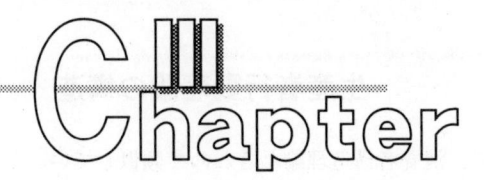

生産者行動の理論

　自動車メーカーの経営者であるとイメージしましょう。今年度，自動車を何台生産しますか。大卒を何人採用しますか。機械を何台購入しますか。

　経済学では，大卒は労働，機械は資本と抽象化されます。月額，大卒の給料が20万円，機械のレンタル料が50万円であるとき，また自動車の価格が100万円であるとき，経済学では，

　　y＝財貨・サービス（自動車）の産出量

　　P＝財貨・サービス（自動車）の価格

　　L＝労働（大卒）投入量

　　K＝資本（機械）投入量

　　w＝貨幣賃金率（名目賃金率：大卒の月給）

　　r＝資本（機械）のレンタル料

　　π＝利潤

　　R＝収入

と記号化します。経営者である貴方は5,000万円の予算で機械を購入，大卒を採用するとします。この5,000万円が費用になります。

　　C＝費用

と記号化します。

I　生産者行動理論の構造

　生産者行動理論は，論理構造の点で，消費者構造理論ときわめて類似しています。したがって，生産者行動理論を学習するときには，消費者構造理論の復習も兼ねて，生産者行動理論と消費者構造理論を対応させながら理解することが効率的です。消費者行動理論のUをyに，x_1，x_2をL，Kに，P_1，P_2をw，rに，EをCにそれぞれ読み替えれば生産者行動理論になります。生産者行動理論がいかに消費者構造理論と似ているのかを理解しましょう。次の概念等が対応しています。

消費者行動理論	生産者行動理論
効用関数	生産関数
無差別曲線（等効用曲線）	等量曲線（等産出量曲線）
限界代替率	技術的限界代替率
効用最大化	産出量最大化
支出最小化	費用最小化

【知っておきましょう】　短期と長期の生産者行動理論

　生産者行動理論では，生産要素がすべて可変であるのか，一部は固定であるのかによって，長期と短期の区別がなされます。生産者は短期では，資本投入量（K）は固定されたものとして，労働投入量（L）だけを調整できます。長期では，資本投入量，労働投入量をともに調整できます。入門のレベルでは，短期の生産者行動理論だけを学習することが多いようです。しかし，長期の生産者行動理論が消費者行動理論とほぼ同じ論理構造をもっている点を理解しておきましょう。というのは，消費者行動理論のx_1，x_2をL，Kに読み替えたものが生産者行動理論ですが，2財の消費量x_1，x_2はともに可変でしたが，2生産要素の投入量L，Kは長期ではともに可変ですが，短期ではLが可変，Kが固定であるからです。

Chapter Ⅲ 生産者行動の理論

生産者の目的は利潤の最大化です。

利潤＝収入－費用

と定義されるので，費用一定の下での収入最大化も，収入一定の下での費用最小化も利潤の最大化をともに意味しています。

収入＝生産物価格×産出量

と定義されるので，生産物価格を所与とすれば，収入最大化は産出量最大化と同じことです。利潤の最大化問題を，1つは産出量最大化として，1つは費用最小化として理解できます。

問題3－1　生産者行動理論の構造

以下の文章と図の中の空欄に適語を入れなさい。

(1) 何をもって生産者と呼ぶことができるのでしょうか。生産者Aと生産者Bが異なったものとみなされるのは，両生産者の（　ア　）が異なっているからです。（　ア　）があり，財貨・サービスを作ることはできるけれども，生産要素を買うお金のない人は生産者でしょうか。（　ア　）と生産要素購入予算をもっている人が生産者です。

(2) 労働，資本は生産要素と呼ばれています。生産要素を投入して財貨・サービスを産出する方法は（　ア　），生産要素と財貨・サービスの生産可能な組み合わせの集合は「生産可能領域」と呼ばれています。

(3) 生産関数と（　ア　）は同じ概念ではありません。いくつかの（　ア　）の中でもっとも効率的なものが「生産関数」と呼ばれています。すなわち，生産要素（労働，資本）の投入量と，それらの投入によって生産できる財貨・サービス（生産物）の産出量の最大量との関係が「生産関数」です。長期では，労働，資本はともに（　イ　）生産要素ですが，短期では，労働のみが（　イ　）生産要素で，資本は（　ウ　）生産要素です。

(4) 一定の産出量を生産する，労働と資本の投入量の組み合わせを図示したものは（　エ　）と呼ばれています。

(5) 生産者は所与の生産要素価格に直面していますが,一定の生産要素購入予算で買うことのできる生産要素の組み合わせを図示したものは(オ)と呼ばれています。

(6) 生産者の目的は(カ)の最大化です。(カ)は,

(カ)＝収入－(キ)

　　　＝財貨・サービスの価格×産出量－(キ)

と定義されます。(カ)最大化問題は,1つは(キ)を一定とした産出量（収入）最大化として,1つは産出量（収入）を一定とした(キ)最小化として理解できます。

(7) L＝労働投入量,K＝資本投入量,$y＝f(L,K)$＝2つの生産要素L,Kからの産出量,w＝貨幣賃金率,r＝資本のレンタル料,C_0＝一定の生産要素購入予算と記号化します。

　Max　$y＝f(L,K)$　　(ク)

　s.t.　$wL＋rK＝C_0$　　(ケ)

は制約つきの最大化問題であり,(ケ)と無限数の(エ)を考えます。消費者は(ケ)が最上位の(エ)と接する点（最適生産計画点）を求めます。最適生産計画は,

　$L^*＝L^*(w,r,C_0)$　　（労働の最適投入量）

　$K^*＝K^*(w,r,C_0)$　　（資本の最適投入量）

です。

(8) L＝労働投入量,K＝資本投入量,$y_0＝f(L,K)$＝2つの生産要素L,Kからの一定の産出量,w＝貨幣賃金率,r＝資本のレンタル料,C＝生産要素購入予算と記号化します。

　Min　$C＝wL＋rK$　　(コ)

　s.t.　$f(L,K)＝y_0$　　(サ)

は制約つきの最小化問題であり,(サ)と無限数の(シ)を考えます。生産者は(サ)が最下位の(シ)と接する点（最適生

産計画点）を求めます。最適生産計画は，

$L^{**}=L^{**}(y_0:w, r)$ （労働の最適投入量）

$K^{**}=K^{**}(y_0:w, r)$ （資本の最適投入量）

です。

(9) 「（　コ　）」問題の最適生産計画は，

$L^{**}=L^{**}(y_0:w, r)$ （労働の最適投入量）

$K^{**}=K^{**}(y_0:w, r)$ （資本の最適投入量）

です。L^{**}，K^{**}を$C=wL+rK$に代入します。

$C^{**}=wL^{**}+rK^{**}$
$=wL^{**}(y_0:w, r)+rK^{**}(y_0:w, r)$
$=C^{**}(y:w, r)$

は「（　ス　）」と呼ばれています。（　ス　）は，「（　コ　）」問題を解決した上で，費用（C）と財貨・サービスの産出量（y）との関係を示したものです。すなわち，$y_0=100$台のときに，「（　コ　）」問題を解いて$L^{**}(y_0=100:w, r)$，$K^{**}(y_0=100:w, r)$を得，それらを費用方程式に代入すれば，自動車100台生産するための最小費用を求めることができます。同じようにして，$y_0=200$台のときに，「（　コ　）」問題を解いて$L^{**}(y_0=200:w, r)$，$K^{**}(y_0=200:w, r)$を得，それらを（　オ　）に代入すれば，自動車200台生産するための最小費用を求めることができます。（　ス　）は$y=100, 200\cdots$と，それを生産するための最小費用との関係を表しています。

(10) 長期の（　コ　）問題は，

Min $C=wL+rK$　（　コ　）

s.t. $f(L, K)=y_0$　（　サ　）

と定式化されます。長期では，労働，資本はともに（　イ　）生産要素です。短期の（　コ　）問題は，

Min $C=wL+rK_0$　（　コ　）

69

$$\text{s.t.} \quad f(L, K_0) = y_0 \quad (\text{一定の産出量})$$

と定式化されます。短期では，労働のみが（ イ ）生産要素で，資本は（ ウ ）生産要素です。生産関数からy_0を生産するのに必要な最小量の労働投入量$L^{**}(y_0 : K_0)$を求めることができます。求められた労働投入量を（ オ ）に入れるとy_0を生産するのに必要な最小の費用$C^{**} = wL^{**}(y_0 : K_0) + rK_0 = C^{**}(y_0 : w, r, K_0)$を求めることができます。

(11) 短期では，（ イ ）生産要素と（ ウ ）生産要素の区別を行いますので，総費用（TC）も（ セ ）費用（VC）と（ ソ ）費用（FC）に区別されます。つまり，

$$TC = VC + FC$$

です。

$$\frac{TC}{y} = \frac{VC}{y} + \frac{FC}{y}$$

であり，ここで，$\frac{TC}{y} =$（ タ ）(AC)，$\frac{VC}{y} =$（ チ ）(AVC)，$\frac{FC}{y} =$（ ツ ）(AFC)です。また，

$$\frac{dTC}{dy} = \frac{dVC}{dy} + \frac{dFC}{dy}$$

であり，$\frac{dFC}{dy} = 0$であるので，$\frac{dTC}{dy} = \frac{dVC}{dy} =$（ テ ）(MC)です。（ タ ）(AC)の最小値は損益分岐点，（ チ ）(AVC)の最小値は操業停止点（生産停止点）とそれぞれ呼ばれています。

(12) P＝財貨・サービスの価格とします。短期の（ ト ）問題は，

$$\text{Max} \quad \pi = Py - C(y : w, r, K_0)$$

と定式化されます。利潤最大化の1階の条件は，

$$\frac{d\pi}{dy} = \frac{d(P \cdot y)}{dy} - \frac{dC}{dy} = 0$$

であり，ここで，$\frac{d\pi}{dy} =$（ ナ ）(MP)，$\frac{d(P \cdot y)}{dy} =$（ ニ ）(MR)，$\frac{dC}{dy} =$（ ヌ ）(MC)です。$\frac{d(P \cdot y)}{dy} = P$であるので，

Chapter Ⅲ 生産者行動の理論

$MP = P - MC$

であり,

$MR = P > MC \rightarrow MP > 0 \rightarrow$ 生産拡大

$MR = P = MC \rightarrow MP = 0 \rightarrow$ （　ネ　）

$MR = P < MC \rightarrow MP < 0 \rightarrow$ 生産縮小

です。（　ネ　）より供給関数を導出でき，供給関数は（　ノ　）より上の（　ヌ　）曲線です。

図3-1　生産者行動理論の構造

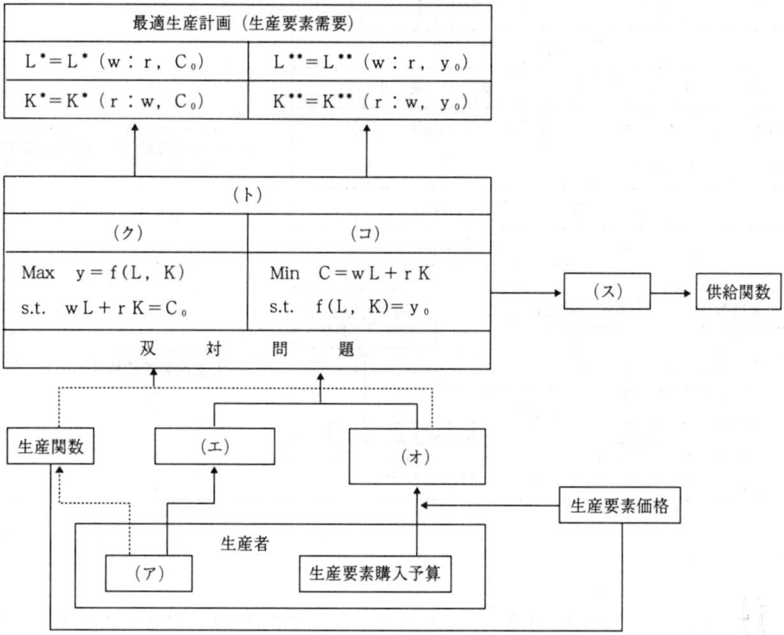

```
┌─────────────────────────────────────────────┐
│         最適生産計画（生産要素需要）              │
│  L* = L*(w : r, C₀)    L** = L**(w : r, y₀)  │
│  K* = K*(r : w, C₀)    K** = K**(r : w, y₀)  │
└─────────────────────────────────────────────┘
            ↑                    ↑
┌─────────────────────────────────────────────┐
│                  （ト）                       │
│      （ク）              （コ）               │
│  Max y = f(L, K)    Min C = wL + rK          │
│  s.t. wL + rK = C₀   s.t. f(L, K) = y₀      │
│              双　対　問　題                    │
└─────────────────────────────────────────────┘
                                    → （ス） → 供給関数
         ↑         ↑         ↑
    ┌──────┐  ┌──────┐  ┌──────┐
    │生産関数│  │ （エ） │  │ （オ） │
    └──────┘  └──────┘  └──────┘
                                    ← 生産要素価格
    ┌─────生産者─────┐  ┌───────────┐
    │     （ア）      │  │生産要素購入予算│
    └────────────────┘  └───────────┘
```

≪**解答＆解答の解説**≫

（ア）生産技術　（イ）可変的　（ウ）固定的　（エ）等量曲線（等産出量曲線）
（オ）生産の予算制約線　（カ）利潤　（キ）費用　（ク）産出量の最大化　（ケ）1本の等費用線　（コ）費用最小化　（サ）1本の等量曲線　（シ）等費用線

71

(ス)費用関数 (セ)可変 (ソ)固定 (タ)平均費用(AC) (チ)平均可変費用(AVC) (ツ)平均固定費用(AFC) (テ)限界(可変)費用(MCあるいはMVC) (ト)利潤最大化 (ナ)限界利潤(MP) (ニ)限界収入(MR) (ヌ)限界費用(MC) (ネ)利潤の最大化 (ノ)操業停止点

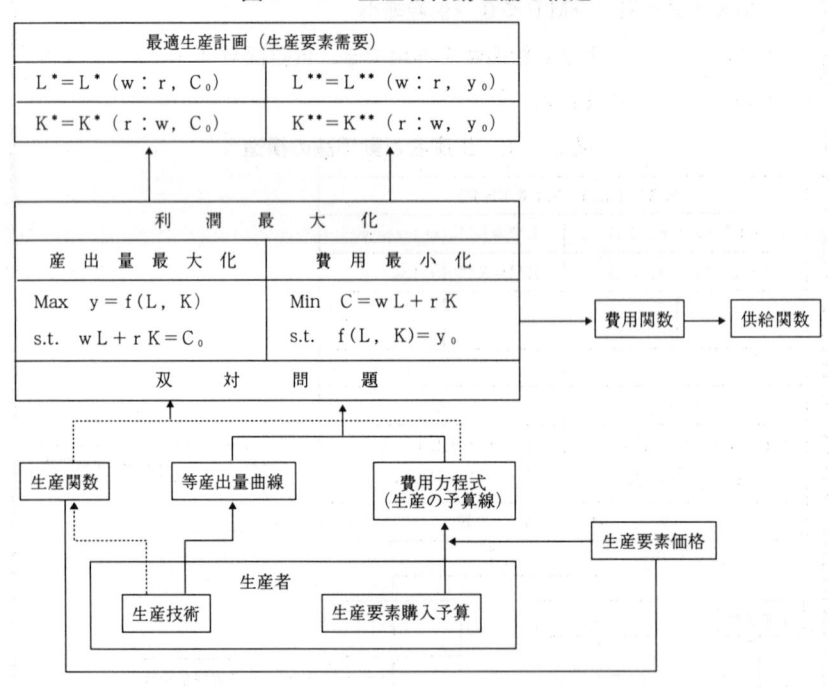

図3－2　生産者行動理論の構造

```
┌─────────────────────────────────────────┐
│        最適生産計画（生産要素需要）          │
│  L*=L*(w：r, C₀)    L**=L**(w：r, y₀)   │
│  K*=K*(r：w, C₀)    K**=K**(r：w, y₀)   │
└─────────────────────────────────────────┘
                    ▲
┌─────────────────────────────────────────┐
│          利　潤　最　大　化               │
│   産 出 量 最 大 化  │  費 用 最 小 化    │
│  Max  y = f(L, K)   │  Min  C = wL + rK │
│  s.t. wL + rK = C₀  │  s.t. f(L, K)= y₀ │
│           双　対　問　題                  │
└─────────────────────────────────────────┘
```

最適生産計画の下に「費用関数 → 供給関数」

```
┌──────┐ ┌────────┐ ┌──────────────┐
│生産関数│ │等産出量曲線│ │費用方程式       │
│      │ │          │ │(生産の予算線)   │
└──────┘ └────────┘ └──────────────┘
        ┌─ 生産者 ─┐          ← 生産要素価格
        │生産技術 │ │生産要素購入予算│
        └────────┘ └──────────────┘
```

II　生産関数と等量曲線

　採用した大卒と購入した機械で，自動車を何台生産できますか。労働，資本は「生産要素」と呼ばれています。生産要素を投入して財貨・サービスを産出する方法は「生産技術」，生産要素と財貨・サービスの生産可能な組み合わせの集合は「生産可能領域」とそれぞれ呼ばれています。短期と長期の生産関数

を図示しながら理解しましょう。限界生産力，限界生産力逓減の法則の概念が出てきますが，これらは論理構造の点で，消費者行動理論の限界効用，限界効用逓減の法則とまったく同じものであることを理解しましょう。限界生産力，限界生産力逓減の法則を図示しながら理解しましょう。等量曲線は，論理構造の点で，消費者行動理論の無差別曲線と同じであることを理解しましょう。無差別曲線を等効用曲線あるいは消費の無差別曲線，等量曲線を等産出量曲線あるいは生産の無差別曲線と呼ぶこともできます。$y_0 = f(L, K)$を満たすL，Kの組み合わせの軌跡が「等量曲線」です。図示しながら理解しましょう。

=== 問題3－2　生産関数 ===

y＝産出量，L＝労働投入量，K＝資本投入量として，以下の問いに答えなさい。
(1) 技術と生産関数のちがいを説明しなさい。
(2) 短期の生産関数と長期の生産関数のちがいを説明しなさい。
(3) 生産関数の性質を説明しなさい。

≪解答＆解答の解説≫

(1) 生産要素を投入して財貨・サービスを産出する方法は「生産技術」，投入・産出のもっとも効率的な生産技術は「生産関数」とそれぞれ呼ばれています。生産要素（労働，資本）の投入量と，それらの投入によって生産できる財貨・サービス（生産物）の最大産出量との関係が「生産関数」です。

(2) 生産者行動理論における短期と長期は生産要素の１つである資本の可変性・固定性によって区別されます。長期では，労働，資本はともに可変的生産要素ですが，短期では，労働のみが可変的生産要素で，資本は固定的生産要素です。したがって，短期の生産関数は$y = f(L, K_0)$，長期の生産関数は$y = f(L, K)$です。ここで，K_0の添字の０は当該変数（K）が一定であることを意味しています。短期の生産関数を図示したものは２次元の「生産力曲線」，長期の生産関数を図示したものは３次元の「生産（可能）曲面」とそれぞれ呼ばれています。

(3) 生産関数には次の2つの性質があります。
① プラスの限界生産力
　　生産要素をあと微小単位追加投入したときの産出量の増加分は「限界生産力（物的限界生産力：Marginal Productivity）」と呼ばれています。偏微分の記号を用いて書くと，次のようになります。

$$MP_L = \frac{\partial y}{\partial L} > 0 \quad （労働の限界生産力）$$

$$MP_K = \frac{\partial y}{\partial K} > 0 \quad （資本の限界生産力）$$

② 限界生産力逓減の法則
　　限界効用逓減の法則（$\frac{\partial^2 U}{\partial L_i^2} < 0$）と類似しています。すなわち，

$$\frac{\partial^2 y}{\partial L^2} < 0 \quad （労働の限界生産力逓減の法則）$$

$$\frac{\partial^2 y}{\partial K^2} < 0 \quad （資本の限界生産力逓減の法則）$$

―――― 問題3－3　短期の生産関数と長期の生産関数 ――――

(1) 短期の生産関数 $y = f(L) = \sqrt{L}$ について，労働の平均生産力と限界生産力を求めなさい。
(2) 限界生産力逓減の法則を説明しなさい。
(3) 長期の生産関数 $y = f(L, K) = \sqrt{LK}$ について，労働と資本の限界生産力を求めなさい。

≪解答＆解答の解説≫

(1) $y = \sqrt{L} = L^{\frac{1}{2}}$ です。労働の平均生産力をAP_L，限界生産力をMP_Lとすれば，

$$AP_L = \frac{y}{L} = \frac{L^{\frac{1}{2}}}{L} = L^{\frac{1}{2}-1} = L^{-\frac{1}{2}} \quad \boxed{答え}$$

$$MP_L = \frac{dy}{dL} = \frac{1}{2} L^{\frac{1}{2}-1} = \frac{1}{2} L^{-\frac{1}{2}} \quad \boxed{答え}$$

です。

(2) 限界生産力（$\frac{\partial y}{\partial L}$，$\frac{\partial y}{\partial K}$）はプラスです。そして，労働の限界生産力 $\frac{\partial y}{\partial L}$ はLの増大とともに，資本の限界生産力 $\frac{\partial y}{\partial K}$ はKの増大ととも

に逓減します。これは「限界生産力逓減の法則」と呼ばれています。記号で書くと、次のようになります。

$$\frac{\partial}{\partial L}\left(\frac{\partial y}{\partial L}\right)=\frac{\partial^2 y}{\partial L^2}<0$$

$$\frac{\partial}{\partial K}\left(\frac{\partial y}{\partial K}\right)=\frac{\partial^2 y}{\partial K^2}<0$$

限界生産力逓減の法則は、特定の生産要素の投入量をある比率で増加させ、他のすべての生産要素の投入量を固定しておく場合、産出量はその比率ほどには増加しない、というものです。

(3) $y=\sqrt{LK}=(LK)^{\frac{1}{2}}=L^{\frac{1}{2}}K^{\frac{1}{2}}$です。労働の限界生産力を$MP_L$、資本の限界生産力を$MP_K$とすれば、

$$MP_L=\frac{\partial y}{\partial L}=\frac{1}{2}L^{-\frac{1}{2}}K^{\frac{1}{2}}>0 \quad \text{【答え】}$$

$$MP_K=\frac{\partial y}{\partial K}=\frac{1}{2}L^{\frac{1}{2}}K^{-\frac{1}{2}}>0 \quad \text{【答え】}$$

です。

【数学チェック】 $y=L^{\frac{1}{2}}K^{\frac{1}{2}}$の偏微分

$y=L^{\frac{1}{2}}K^{\frac{1}{2}}$をL、Kで偏微分します。Lで偏微分するときは、$K^{\frac{1}{2}}$を定数とみなし、Kで偏微分するときは、$L^{\frac{1}{2}}$を定数とみなします。

$$\frac{\partial y}{\partial L}=\frac{1}{2}L^{\frac{1}{2}-1}K^{\frac{1}{2}}=\frac{1}{2}L^{-\frac{1}{2}}K^{\frac{1}{2}}$$

$$\frac{\partial y}{\partial K}=\frac{1}{2}L^{\frac{1}{2}}K^{\frac{1}{2}-1}=\frac{1}{2}L^{\frac{1}{2}}K^{-\frac{1}{2}}$$

問題3-4 規模に関する収穫法則

規模に関する収穫法則について、正しい記述はどれですか。

(1) $y=f(L, K)=LK+L$は規模に関して収穫逓減です。
(2) $y=f(L, K)=LK$は規模に関して収穫逓減です。
(3) $y=f(L, K)=\sqrt{LK}$は規模に関して収穫不変です。

≪解答&解答の解説≫

生産関数に含まれるすべての生産要素の投入量を同一割合で変化させたとき

の産出量の変化についての法則は「規模に関する収穫法則」と呼ばれています。すなわち，労働，資本の投入量をともにλ（ラムダ）倍，例えば2倍したときに，産出量が2倍超増えるときは「収穫逓増」，ちょうど2倍増えるときは「収穫一定（収穫不変）」，2倍未満しか増えないときは「収穫逓減」とそれぞれ呼ばれています。問題のすべての生産要素の投入量を2倍にすると，

(1)　$(2L)(2K)+(2L)=4LK+2L=2LK+2(LK+L)=2LK+2y>2y$ であるので，規模に関して収穫逓増です。

(2)　$(2L)(2K)=4LK=4y>2y$ であるので，規模に関して収穫逓増です。

(3)　$\{(2L)(2K)\}^{\frac{1}{2}}=2^{\frac{1}{2}}L^{\frac{1}{2}}2^{\frac{1}{2}}K^{\frac{1}{2}}=2L^{\frac{1}{2}}K^{\frac{1}{2}}=2y$ であるので，規模に関して収穫不変です。

かくて，③が正しい記述です 答え 。

問題3－5　等量曲線(生産の無差別曲線)

(1)　等量曲線（生産の無差別曲線）とは何ですか。

(2)　コブ・ダグラス型生産関数 $y=A\cdot L^\alpha \cdot K^{1-\alpha}$　$A, \alpha>0$ の技術的限界代替率（MRST$_{LK}$）を求めなさい。

(3)　技術的限界代替率逓減の法則を説明しなさい。

≪解答＆解答の解説≫

(1)　一定の産出量（例えば，$y_0=100$ 台）を生産する，労働と資本の投入量の組み合わせの軌跡は「等量曲線（等産出量曲線あるいは生産の無差別曲線）」と呼ばれています。

(2)　等量曲線の傾きは「技術的限界代替率（Marginal Rate of Substitution of Technology）」と呼ばれています。労働の限界生産力を MP$_L$，資本の限界生産力を MP$_K$ とすると，横軸に L，縦軸に K をとった，資本の労働に対する技術的限界代替率（MRST$_{LK}$）は，

Chapter Ⅲ　生産者行動の理論

$$MRST_{LK}=-\frac{dK}{dL}=\frac{\frac{\partial y}{\partial L}}{\frac{\partial y}{\partial K}}=\frac{MP_L}{MP_K}$$

と定義され（消費者行動理論の限界代替率$MRS_{12}=\frac{MU_1}{MU_2}$と類似しています），労働を微小単位減らしたとき資本を何単位増やせば，産出量の水準をそのままに保てるかという比率です。

$$MP_L=\frac{\partial y}{\partial L}=A\cdot\alpha\cdot L^{\alpha-1}\cdot K^{1-\alpha}=A\cdot\alpha\cdot\left(\frac{L}{K}\right)^{\alpha-1}$$

$$MP_K=\frac{\partial y}{\partial K}=A\cdot L^{\alpha}\cdot(1-\alpha)K^{-\alpha}=A\cdot(1-\alpha)\cdot\left(\frac{L}{K}\right)^{\alpha}$$

であるので，

$$MRST_{LK}=\frac{A\cdot\alpha\cdot\left(\frac{L}{K}\right)^{\alpha-1}}{A\cdot(1-\alpha)\cdot\left(\frac{L}{K}\right)^{\alpha}}$$

$$=\left(\frac{\alpha}{1-\alpha}\right)\frac{K}{L}\quad\text{（答え：技術的限界代替率）}$$

です。$\frac{K}{L}$は資本集約度と呼ばれるものであり，技術的限界代替率は資本集約度の関数です。

(3) 等量曲線の傾きは「技術的限界代替率」と呼ばれ，それは等効用曲線（消費の無差別曲線）の傾きである「限界代替率」と類似の概念です。等量曲線は原点に対して凸であるので，技術的限界代替率は等量曲線の測定点が右下方になればなるほど小さくなります。これは「技術的限界代替率逓減の法則」と呼ばれています。技術的限界代替率が逓減する理由は限界代替率が逓減する理由とまったく同じ論理構造です。

Ⅲ　費用方程式（生産の予算制約線）

多くの自動車を製造し，たくさんの収入を得たいといっても，自動車を生産するのに必要な生産要素（労働，資本）を購入するためのお金がなくては話になりません。生産者の金銭欲は無限ですが，生産者の予算（費用）は有限です。

生産者の予算（費用）を5,000万円とすると，この5,000万円で購入できる生産要素の組み合わせを考えることができます。経済学では，所与の生産要素価格と有限の予算の下で，選択可能な生産要素の組み合わせの集合は「生産の予算集合」，その境界線は「等費用線（生産の予算制約線）」とそれぞれ呼ばれています。

問題3－6　費用方程式（生産の予算制約線）

(1) L＝労働投入量，K＝資本投入量，w＝貨幣賃金率（労働の価格），r＝資本のレンタル料（資本の価格），C_0＝一定の費用とします。このときの費用方程式（生産の予算制約線）を式で表しなさい。

(2) 費用方程式（生産の予算制約線）を図示しなさい。図中に，縦軸切片，横軸切片，傾きを書き入れなさい。

≪解答＆解答の解説≫

(1) $wL + rK = C_0$　**答え**

(2) 生産の予算制約線 $wL + rK = C_0$ は，$rK = -wL + C_0$ であり，
$$K = -\frac{w}{r}L + \frac{C_0}{r}$$
と書き換えることができます。傾きは $-\dfrac{w}{r}$ です。横軸切片は $\dfrac{C_0}{w}$，縦軸切片は $\dfrac{C_0}{r}$ です。

図3－3　生産の予算制約線

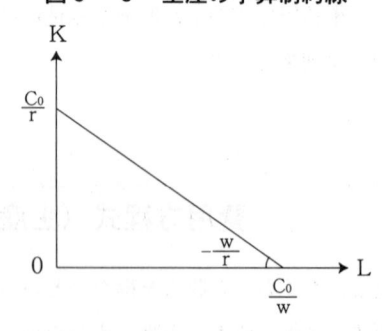

Ⅳ 産出量最大化

利潤の最大化問題は2通りあります。生産者である貴方は従業員に向かって，「自動車を生産する予算（費用）は5,000万円です。この費用の下で，できる限りたくさんの自動車を製造する，したがって，できる限りたくさんの収入を得るためには，労働と資本をどのように組み合わせればよいのかを考えなさい。」と命令できます。また，「自動車の生産台数は100台です。したがって，自動車1台の価格が100万円とすると，収入も確定しています。できる限り費用を小さくするために，労働と資本をどのように組み合わせればよいのかを考えなさい。」と命令できます。前者は費用を一定とした産出量最大化問題，後者は産出量・収入を一定とした費用最小化問題です。

産出量最大化問題と費用最小化問題の2つの問題がともにそれぞれの条件下の利潤最大化問題であることを理解しましょう。また，産出量最大化問題が効用最大化問題，費用最小化問題が支出最小化問題にそれぞれ類似していることを理解しましょう。

自動車を生産する予算は5,000万円であるとします。できる限りたくさんの自動車を製造する，したがって，できる限りたくさんの収入を得るためには，大卒を何人採用しますか，機械を何台購入しますか。

問題 3 − 7　産出量最大化

$y=$産出量，$L=$労働投入量，$K=$資本投入量，$w=$貨幣賃金率，$r=$資本のレンタル料，$C_0=$一定の費用とします。長期の生産関数 $y=\sqrt{LK}$ をもつ企業の最適生産計画についての以下の問いに答えなさい。

(1) この企業の産出量最大化問題を定式化しなさい。
(2) ここでの産出量最大化問題を解いて，労働と資本の最適投入量を求めなさい。

≪解答＆解答の解説≫

(1) ここでの産出量最大化問題は次のように定式化されます。

Max　$y = f(L, K) = \sqrt{LK}$　　（産出量の最大化）

s.t.　$wL + rK = C_0$　　　　　（生産の予算制約線）

(2) 産出量最大化点を図でいえば、「無限数の生産の無差別曲線（等産出量曲線）と1本の生産の予算制約線（費用方程式）が接していること」を意味しています。産出量最大化の1階の条件は、

$MRST_{LK} = \dfrac{MP_L}{MP_K} = \dfrac{K}{L} = \dfrac{w}{r}$

（技術的限界代替率＝生産要素の相対価格）

$wL + rK = C_0$　　　　　（生産の予算制約線）

であり、2本の方程式を解くことによって、最適生産計画（L^*, K^*）を求めることができます。

$L^* = \dfrac{C_0}{2w}$　　（**答え**：労働の最適投入量）

$K^* = \dfrac{C_0}{2r}$　　（**答え**：資本の最適投入量）

図3-4　産出量最大化問題

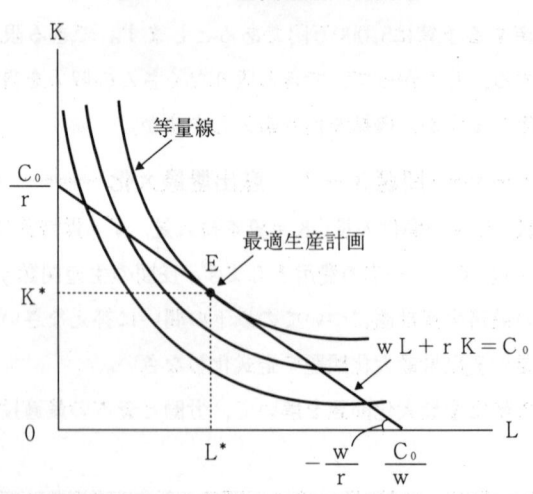

Chapter Ⅲ　生産者行動の理論

> **【知っておきましょう】　短期の産出量最大化問題**
>
> 　短期の産出量最大化問題は,
> 　　Max　$y = f(L, K_0)$　　　（産出量の最大化）
> 　　s.t.　$w \cdot L + r \cdot K_0 = C_0$　（生産の予算制約線）
>
> と定式化されます。生産要素価格 w, r は所与です。したがって, 一定の費用（C_0）で雇用できる労働量は確定します。資本投入量は一定であるので, 確定した労働投入量を生産関数に入れますと, 産出量が決定されます。ミクロ経済学のエッセンスは選択問題ですが, ここには選択の問題はありません。

Ⅴ　費 用 最 小 化

　自動車の生産台数は100台です。したがって, 自動車1台の価格を100万円とすると, 収入は確定します。できる限り費用を小さくするために, 労働と資本をどのように組み合わせればよいのかを考えましょう。

　消費者行動理論の効用最大化問題と支出最小化問題が双対問題であったのと類似して, 産出量最大化問題と費用最小化問題が「双対問題」（裏表の関係）であることを, 図示しながら理解しましょう。

　長期と短期の費用最小化問題のちがいを理解しましょう。入門レベルでは短期の費用最小化問題のみを学びますが, 長期の費用最小化問題は, 消費者行動理論の支出最小化問題と類似しているので理解しやすいと思います。長期と短期の費用最小化問題を合わせて理解した方がよいでしょう。

　自動車の生産台数を100台, 200台……と増やしていったとき, 費用はどのくらいかかるのでしょうか。費用関数が費用最小化問題を解いた上で導出されたものであることを理解しましょう。また, 1つは総費用が可変費用と固定費用からなっていること, もう1つはそれらの費用の平均概念, 限界概念の意味を

理解しましょう。限界費用（MC），平均費用（AC），平均可変費用（AVC），平均固定費用（AFC）を図示しながら，それらの位置関係を理解しましょう。

問題3－8　費用最小化と長期費用関数

y_0＝一定の産出量，L＝労働投入量，K＝資本投入量，w＝貨幣賃金率，r＝資本のレンタル料，C＝費用とします。長期の生産関数 $y=\sqrt{LK}$ をもつ企業の最適生産計画についての以下の問いに答えなさい。

(1) この企業の費用最小化問題を定式化しなさい。

(2) ここでの費用最小化問題を解いて，労働と資本の最適投入量を求めなさい。

(3) 長期の費用関数を求めなさい。

≪解答＆解答の解説≫

(1) ここでの費用最小化問題は次のように定式化されます。

　　Min　$C=wL+rK$　　　　　（費用の最小化）

　　s.t.　$f(L, K)=\sqrt{LK}=y_0$　（生産の無差別曲線）

(2) 費用最小化点を図でいえば，「1本の生産の無差別曲線（等量曲線）と無限数の生産の予算線が接していること」を意味しています。次のラグランジュ関数を作ります。λ＝ラグランジュ未定乗数とすると，

$$Z=\underbrace{wL+rK}_{\text{目的関数}}+\lambda\underbrace{\{y_0-\sqrt{LK}\}}_{\text{制約条件}}\quad\text{（ラグランジュ関数）}$$

であり，Zが最小値をもつための1階の条件は次のものです。

$$Z_L=\frac{\partial Z}{\partial L}$$
$$=w-\lambda\frac{1}{2}L^{-\frac{1}{2}}K^{\frac{1}{2}}=0\quad\text{（ZのLについての偏微分）}$$

$$Z_K=\frac{\partial Z}{\partial K}$$
$$=r-\lambda\frac{1}{2}L^{\frac{1}{2}}K^{-\frac{1}{2}}=0\quad\text{（ZのKについての偏微分）}$$

$$Z_\lambda=\frac{\partial Z}{\partial \lambda}=y_0-\sqrt{LK}=0\quad\text{（制約条件）}$$

上記の1階の条件式3本のうちの最初の2本の式より，

Chapter Ⅲ　生産者行動の理論

$$\lambda = \frac{w}{\frac{1}{2}L^{-\frac{1}{2}}K^{\frac{1}{2}}} = \frac{r}{\frac{1}{2}L^{\frac{1}{2}}K^{-\frac{1}{2}}}$$

であるので，

$$\frac{\frac{1}{2}L^{-\frac{1}{2}}K^{\frac{1}{2}}}{\frac{1}{2}L^{\frac{1}{2}}K^{-\frac{1}{2}}} = \frac{w}{r}$$

です。左辺は2生産要素の限界生産力の比率（$MRST_{LK} = \frac{MP_L}{MP_K}$）であり，技術的限界代替率と呼ばれているものです。これを整理すると，

$\frac{K}{L} = \frac{w}{r}$　（技術的限界代替率＝生産要素の相対価格）

が得られます。そして，次の2本の方程式を解くことによって，最適生産計画（L**，K**）を求めることができます。

$\frac{K}{L} = \frac{w}{r}$　（技術的限界代替率＝生産要素の相対価格）

$y_0 = \sqrt{LK}$　（1本の生産の無差別曲線）

かくして，

$L^{**} = \sqrt{\frac{r}{w}} \cdot y$　（**答え**：労働の最適投入量）

$K^{**} = \sqrt{\frac{w}{r}} \cdot y$　（**答え**：資本の最適投入量）

図3－5　費用最小化問題

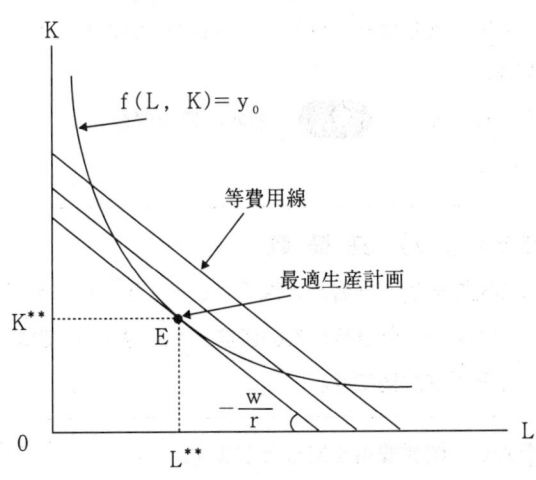

(3) 長期の費用最小化問題は，消費者行動理論の支出最小化問題と類似しているので，長期の費用関数は，

$$C^{**} = wL^{**} + rK^{**} = w\sqrt{\frac{r}{w}} \cdot y + r\sqrt{\frac{w}{r}} \cdot y$$
$$= 2\sqrt{wr} \cdot y \quad \boxed{答え}$$

です。

問題3－9　短期の費用関数

ある企業の生産関数が，$y = f(L) = \sqrt{L}$ で与えられています。ここで，$y =$ 産出量，$L =$ 労働投入量です。$w =$ 貨幣賃金率です。
(1) この企業の費用関数を求めなさい。
(2) 平均費用と限界費用を求めなさい。

≪解答＆解答の解説≫

(1) 短期の生産関数は $y = f(L, K_0)$，長期の生産関数は $y = f(L, K)$ です。本問題は，$K_0 = 0$（ゼロの資本投入量）とした，短期の生産関数 $y = f(L)$ を考えています。$\sqrt{L}$ は $L^{\frac{1}{2}}$ のことです。

$y = f(L) = L^{\frac{1}{2}}$ の逆関数を求めると，$L = f^{-1}(y) = y^2$ です。それは $y = L^{\frac{1}{2}}$ の両辺を2乗した $y^2 = (L^{\frac{1}{2}})^2 = L$ から導かれたものです。かくて，短期の費用関数は，

$C = w \cdot L = w \cdot y^2$ 　（ $\boxed{答え}$ ：短期の費用関数）

です。

【知っておきましょう】　逆関数

$y = f(L)$ の関数記号（写像）f は $f : L \to y$ を，$L = f^{-1}(y)$ の関数記号 f^{-1} は $f^{-1} : y \to L$ を意味しています。f^{-1} は $\frac{1}{f}$ ではなく，「逆関数」であることを示す記号です。

---

(2) 平均費用をAC，限界費用をMCとします。

$$AC = \frac{C}{y} = \frac{w \cdot y^2}{y} = wy \quad \text{答え}$$

$$MC = \frac{dC}{dy} = 2wy \quad \text{答え}$$

問題 3 — 10　費用概念

短期の生産関数 $y = 2\sqrt{LK_0}$ をもつ生産者の費用関数を考えます。y = 産出量，L = 労働投入量，K_0 = 一定の資本投入量，w = 貨幣賃金率，r = 資本のレンタル料とします。以下の問いに答えなさい。

(1) 下図の総費用曲線に基づいて，平均費用，平均可変費用，限界費用，平均固定費用を図示しなさい。

図 3 — 6　総費用曲線

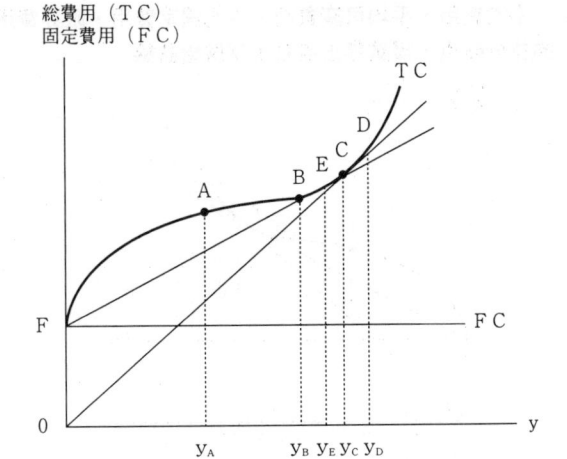

(2) $K = K_0$（一定の資本投入量）として，この生産者の総費用を求めなさい。

(3) この生産者の平均可変費用，平均費用，限界費用を求めなさい。

≪解答＆解答の解説≫

(1) 総費用（TC）＝可変費用（VC）＋固定費用（FC）

　　平均費用（AC）＝平均可変費用（AVC）＋平均固定費用（AFC）

　　限界費用（MC）＝限界可変費用（MVC）

です。

　平均可変費用（AVC）は可変費用曲線上の点と原点を結んだ直線の傾きの大きさです。平均費用（AC）は総費用曲線上の点と原点を結んだ直線の傾きの大きさです。総費用曲線が逆S字型の形状をしているとき，平均費用，平均可変費用はそれぞれある産出量水準まで逓減し，それらの点を越えると逓増します。

　限界費用（MC）は総費用曲線上の点における接線の傾きの大きさです。総費用曲線が逆S字型の形状をしているとき，限界費用はある産出量水準まで逓減し，その点を越えると逓増します。限界費用曲線は平均費用・平均可変費用曲線の最低点を下から切って右上がりです。

図3－7　平均費用・平均可変費用・平均固定費用・限界費用曲線，損益分岐点・操業停止点および供給曲線

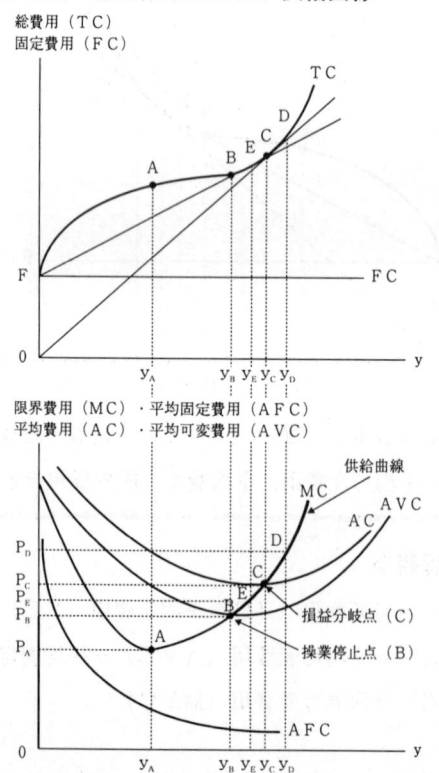

(2) 短期の生産関数 $y=f(L, K_0)=2\sqrt{LK_0}$ を考えています。$\sqrt{LK_0}$ は $L^{\frac{1}{2}}K_0^{\frac{1}{2}}$ のことです。$y=2L^{\frac{1}{2}}K_0^{\frac{1}{2}}$ の逆関数を求めると、$L=f^{-1}(y, K_0)=\dfrac{y^2}{4K_0}$ です。それは $y=2L^{\frac{1}{2}}K_0^{\frac{1}{2}}$ の両辺を2乗した $y^2=2^2(L^{\frac{1}{2}}K_0^{\frac{1}{2}})^2=4LK_0$ から導かれたものです。総費用をTCとすると,

$$TC = \underbrace{w \cdot L + r \cdot K_0}_{\text{総費用}} = \underbrace{\dfrac{w \cdot y^2}{4K_0}}_{\text{可変費用}} + \underbrace{r \cdot K_0}_{\text{固定費用}} \quad \text{答え}$$

です。

(3) 平均可変費用をAVC、平均費用をAC、限界費用をMCとすると,

$$AVC = \dfrac{\dfrac{w \cdot y^2}{4K_0}}{y} = \dfrac{w}{4K_0} \cdot y \quad \text{答え}$$

$$AC = \dfrac{TC}{y} = \dfrac{w}{4K_0} \cdot y + \dfrac{r \cdot K_0}{y} \quad \text{答え}$$

$$MC = \dfrac{dTC}{dy} = \dfrac{w}{2K_0} \cdot y \quad \text{答え}$$

問題 3－11　短期の費用関数と長期の費用関数

(1) 短期総費用曲線と長期総費用曲線の関係を説明しなさい。
(2) 短期平均費用曲線と長期平均費用曲線の関係を説明しなさい。
(3) 短期限界費用曲線と長期限界費用曲線の関係を説明しなさい。

≪解答＆解答の解説≫

(1) $y=$産出量、$w=$貨幣賃金率、$r=$資本のレンタル料、$K_0=$一定の資本投入量とします。

　　$C=C(y : w, r, K_0)$　（短期総費用関数）

　　$C_L=C_L(y : w, r)$　（長期総費用関数）

とします。資本投入量の各々の規模に対応した短期総費用曲線を描くことができます。$K_{01}<K_{02}<K_{03}$ について,

　　$STC_1 = C(y : w, r, K_{01})$

　　$STC_2 = C(y : w, r, K_{02})$

　　$STC_3 = C(y : w, r, K_{03})$

長期では，資本の大きさを自由に選択できるので，生産者は総費用を最小にするように，例えばy_1の産出量を生産するときK_{01}を選択し，y_2の産出量を生産するときK_{02}を選択します。すなわち，生産者はさまざまな産出量水準に対応した最適資本規模を選択します。各産出量水準にそれを生産する最小短期総費用を対応させた点を連ねると，長期総費用曲線OABDCを得ることができます。長期総費用曲線（LTC）はすべての短期総費用曲線（STC）の包絡線であり，原点を通ります。

(2) 長期平均費用曲線（LAC）はすべての短期平均費用曲線（SAC）の包絡線です。

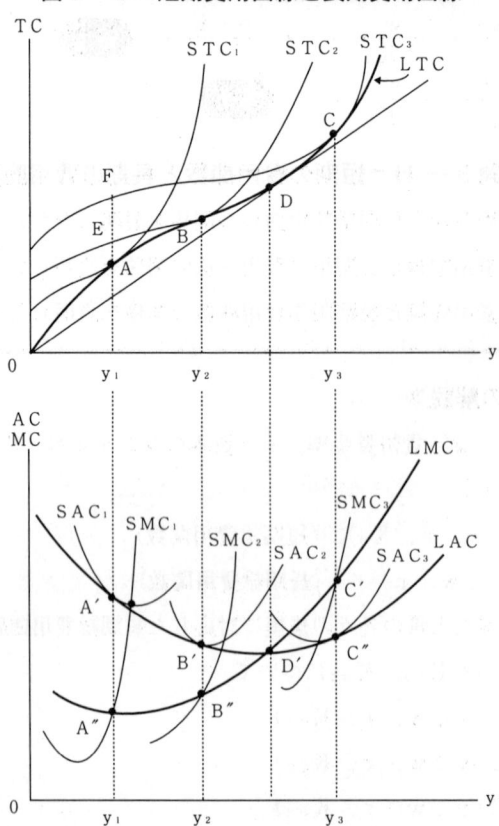

図3－8　短期費用曲線と長期費用曲線

(3) 短期平均費用（ＳＡＣ）曲線と長期平均費用（ＬＡＣ）曲線との接点（A′，B′，C′，……）に対応した産出量水準（y_1，y_2，y_3，……）を見つけます。その産出量水準の短期限界費用（ＳＭＣ）を通るように，長期限界費用（ＬＭＣ）曲線が作図されます（A″，B″，C″，……の軌跡）。すなわち，その産出量水準で，短期限界費用と長期限界費用は一致しています。

VI 利潤の最大化と供給関数

自動車メーカーの経営者になったとイメージしましょう。貴方は今年度，自動車を何台生産しますか。利潤最大化問題は，

　　Max　$\pi = P \cdot y - C(y : w, r, K_0)$
　　　　　＝総収入－総費用

と定式化され，利潤最大化の１階の条件は，

　　限界利潤（ＭＰ）＝限界収入（ＭＲ）－限界費用（ＭＣ）＝０
　　$\dfrac{d\pi}{dy} = \dfrac{d(P \cdot y)}{dy} - \dfrac{dC}{dy} = 0$

　　すなわち，

　　限界利潤（ＭＰ）＝価格（Ｐ）－限界費用（ＭＣ）＝０

です。Ｐ＞ＭＣのとき生産拡大，Ｐ＝ＭＣのとき利潤の最大化，Ｐ＜ＭＣのとき生産縮小であることを図示しながら理解しましょう。なぜ供給曲線は限界費用曲線のすべてではなく，操業停止点より上の部分だけなのかを理解しましょう。図，数式，言葉で総合的に理解しましょう。

問題３－12　損益分岐点と操業停止点

生産者の費用関数を，

$$TC = \dfrac{w \cdot y^2}{4 K_0} + r \cdot K_0$$

　　総費用　　可変費用　　固定費用

とします。この生産者の損益分岐点と操業停止点を求め，図示しなさい。

≪解答＆解答の解説≫

(1) 損益分岐点

損益分岐点（利潤＝総収入－総費用＝0の点）は平均費用曲線（AC）と限界費用曲線（MC）の交点です。すなわち，

$$\frac{w}{4K_0} \cdot y + \frac{r \cdot K_0}{y} = \frac{w}{2K_0} \cdot y$$

より，$y^* = 2K_0\sqrt{\frac{r}{w}}$ を得ることができます。$y^* = 2K_0\sqrt{\frac{r}{w}}$ をACあるいはMCに代入すると，

$$AC(y^*) = MC(y^*) = \sqrt{rw} \quad \boxed{答え}$$

が得られます。

(2) 操業停止点

操業停止点は平均可変費用曲線（AVC）と限界費用曲線（MC）の交点です。すなわち，

$$\frac{w}{4K_0} \cdot y = \frac{w}{2K_0} \cdot y$$

より，$y^* = 0$ $\boxed{答え}$

が得られます。

図3－9　損益分岐点と操業停止点

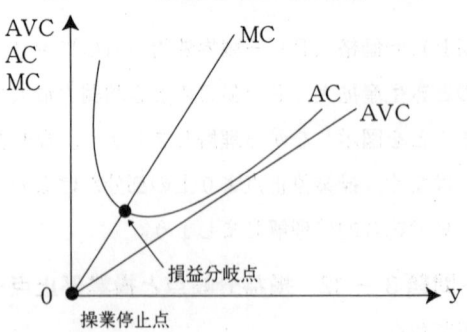

問題 3－13　利潤の最大化，最適産出量および供給関数

π＝利潤，P＝価格，y＝産出量，$C=C(y)$＝費用関数とします。以下の問いに答えなさい。

(1) 利潤を定義しなさい。逆S字型の総費用曲線を前提として，
   ① 縦軸に総費用・総収入，横軸に産出量をとって利潤を図示しなさい。
   ② 縦軸に利潤，横軸に産出量をとって利潤を図示しなさい。
   ③ 利潤最大化産出量を図中に示しなさい。
(2) 平均収入と限界収入を求めなさい。
(3) 利潤最大化の1階の条件，2階の条件を説明しなさい。
(4) 平均費用関数を $AC = \dfrac{w}{4K_0} \cdot y + \dfrac{rK_0}{y}$ とします。供給関数を求め，図示しなさい。$P=2$ のときの利潤最大化産出量を求め，図示しなさい。

≪解答＆解答の解説≫

(1) 利潤（π）＝総収入（$P \cdot y$）－総費用（C）

図3－10　利潤最大化

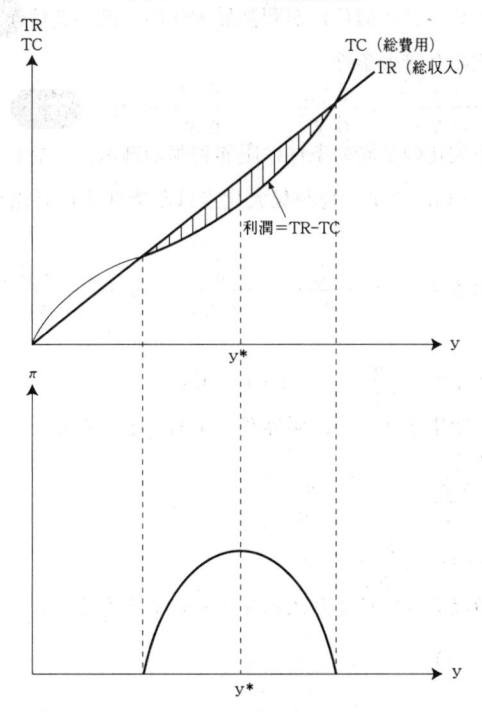

(2) 収入（R）＝P・y です。

平均収入（AR）＝$\dfrac{R}{y}$＝P　**答え**

であり，財1単位当たりの収入です。

限界収入（MR）＝$\dfrac{dR}{dy}$＝P　**答え**

であり，財をあと微小単位追加生産したときの，収入の増加分です。

(3) 完全競争市場下の企業の利潤最大化問題は次のように定式化されます。

　　Max　π＝P・y－C(y)

① 利潤最大化の1階の条件

$$\dfrac{d\pi}{dy}=P-\dfrac{dC(y)}{dy}$$

$$=P-MC=限界収入-限界費用=価格-限界費用=0$$

です。$\dfrac{d\pi}{dy}$ は限界利潤（MP）であり，

　　MP＞0（P＞MC）のときは生産拡大

　　MP＜0（P＜MC）のときは生産縮小

です。MP＝0（P＝MC）が利潤最大化の1階の条件　**答え**　です。

② 利潤最大化の2階の条件

$$\dfrac{d}{dy}\left(\dfrac{d\pi}{dy}\right)=\dfrac{d^2\pi}{dy^2}=-\dfrac{d^2C}{dy^2}<0$$　**答え**

です。利潤最大化の2階の条件は限界利潤の逓減，すなわち限界費用の逓増（$\dfrac{d^2C}{dy^2}>0$）です。利潤最大化点は限界費用の逓増部分にあらねばなりません。

(4) 平均費用関数がAC＝$\dfrac{TC}{y}$＝$\dfrac{w}{4K_0}\cdot y+\dfrac{r\cdot K_0}{y}$ であるので，総費用関数は，

$$TC=AC\times y=\dfrac{w}{4K_0}y^2+(r\cdot K_0)$$

です。平均可変費用をAVC，限界費用をMCとすると，

$$AVC=\dfrac{\dfrac{w\cdot y^2}{4K_0}}{y}=\dfrac{w}{4K_0}\cdot y$$

$$MC=\dfrac{dTC}{dy}=\dfrac{w}{2K_0}\cdot y$$

です。供給関数はP＝MCより求めることができます。

$$P=\dfrac{w}{2K_0}\cdot y$$

であるので，
$$y = \frac{2K_0}{w} \cdot P \quad (\text{答え：供給関数})$$
が得られます。$P=2$ のときの利潤最大化産出量は，
$$y = \frac{4K_0}{w} \quad \text{答え}$$
です。

図3−11 供給曲線

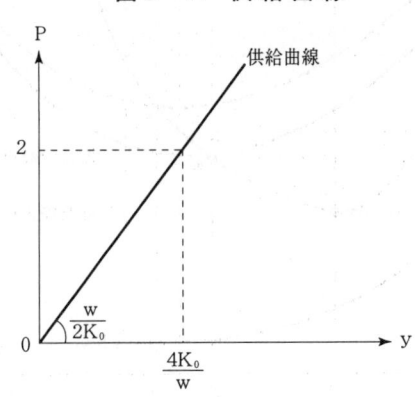

（供給曲線のグラフ：縦軸 P，横軸 y。原点から右上に伸びる直線。傾き $\frac{w}{2K_0}$。$P=2$ のとき $y=\frac{4K_0}{w}$）

===== 問題3−14 粗利潤と純利潤 =====

粗利潤＝総収入−可変費用

純利潤＝総収入−総費用

と定義します。財の市場価格が P_C（損益分岐点の価格），P_E，P_B（操業停止点の価格）の水準にあるときの，それぞれの粗利潤と純利潤を図中の記号を用いて求めなさい。

図3－12　粗利潤と純利潤

限界費用（MC）・平均固定費用（AFC）
平均費用（AC）・平均可変費用（AVC）

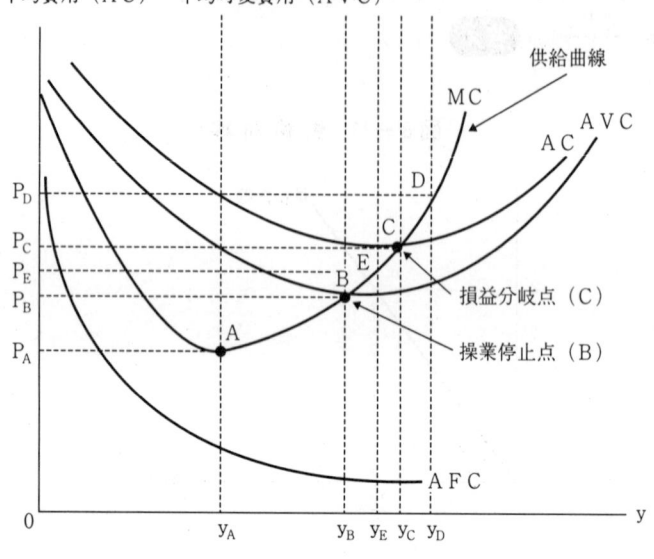

（図中ラベル：MC、AC、AVC、AFC、供給曲線、損益分岐点（C）、操業停止点（B）、P_D、P_C、P_E、P_B、P_A、A、B、C、D、E、y_A、y_B、y_E、y_C、y_D）

≪解答＆解答の解説≫

粗利潤と純利潤は，

　粗利潤＝総収入－可変費用

　　　　＝総収入－平均可変費用×産出量

　純利潤＝総収入－総費用

　　　　＝総収入－平均費用×産出量

　　　　＝総収入－（固定費用＋可変費用）

　　　　＝総収入－（固定費用＋平均可変費用×産出量）

です。

① 市場価格（P_C）：損益分岐点の価格

　粗利潤＝総収入－可変費用＝総収入－平均可変費用×y_C

　　　　＝□$P_C C y_C O － AVC(y_C)・y_C > 0$

純利潤＝総収入－総費用＝総収入－平均総費用・y_C
　　　＝□$P_C C y_C O - AC(y_C) \cdot y_C = 0$

② 市場価格（P_E）

粗利潤＝総収入－平均可変費用・y_E
　　　＝□$P_E E y_E O - AVC(y_E) \cdot y_E > 0$

純利潤＝総収入－総費用＝総収入－平均総費用・y_E
　　　＝□$P_E E y_E O - AC(y_E) \cdot y_E < 0$
　　　＝総収入－（平均可変費用＋平均固定費用）・y_E
　　　＝□$P_E E y_E O - \{AVC(y_E) \cdot y_E + AFC(y_E) \cdot y_E\} < 0$

③ 市場価格（P_B）：操業停止点の価格

粗利潤＝総収入－平均可変費用・y_B
　　　＝□$P_B B y_B O - AVC(y_B) \cdot y_B = 0$

純利潤＝総収入－総費用＝総収入－平均総費用・y_B
　　　＝□$P_B B y_B O - AC(y_B) \cdot y_B < 0$
　　　＝総収入－（平均可変費用＋平均固定費用）・y_B
　　　＝□$P_B B y_B O - \{AVC(y_B) \cdot y_B + AFC(y_B) \cdot y_B\} < 0$

VII 供給関数の性質

自動車の価格が上昇したとき，自動車の生産はどうなるのでしょうか。生産者の供給関数は，

$P = MC(y : w, r, K_0)$ （価格＝限界費用）

より，

$y_S = y_S(P : w, r, K_0)$ （供給関数）

が得られます。供給の価格弾力性は需要の価格弾力性と類似した概念です。

問題 3 − 15　供給の価格弾力性

(1) 需要曲線と供給曲線とが下図のように与えられています。このとき，需要の価格弾力性と供給の価格弾力性とを正しく組み合わせているものはどれですか。

図 3 − 13　需要の価格弾力性と供給の価格弾力性

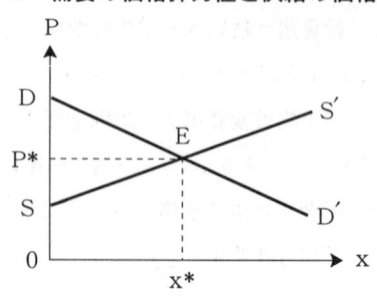

	需要の価格弾力性	供給の価格弾力性
①	$\dfrac{OP^*}{DP^*}$	$\dfrac{OP^*}{SP^*}$
②	$\dfrac{DP^*}{OP^*}$	$\dfrac{SP^*}{OP^*}$
③	$\dfrac{P^*E}{DP^*}$	$\dfrac{SP^*}{P^*E}$
④	$\dfrac{P^*E}{DP^*}$	$\dfrac{OP^*}{SP^*}$
⑤	$\dfrac{DP^*}{P^*E}$	$\dfrac{SP^*}{P^*E}$

(2) 供給の価格弾力性に関する記述として正しいものはどれですか。

① 供給曲線が水平に近いときは，供給の価格弾力性はより小さい。

② 供給曲線が直線のときには，垂直に近い方が，水平に近い方よりも供給の価格弾力性は大きい。

③ 供給曲線が原点を通る直線のとき，価格弾力性は 1 です。

≪解答＆解答の解説≫

(1) **答え**は①です。

(2) 供給の価格弾力性は，

Chapter Ⅲ 生産者行動の理論

$$\varepsilon_S = \frac{\frac{dS}{S}}{\frac{dP}{P}} = \frac{\frac{P}{S}}{\frac{dP}{dS}}$$

と定義されるので，供給の価格弾力性（ε_S）と市場供給曲線の傾き（$\frac{dP}{dS}$）は逆の動きをします。

ε_Sの大きさ		供給の価格弾力性		供給曲線の傾き
ε_Sが大きい	→	弾 力 的	→	緩やか
$\varepsilon_S=\infty$	→	完全弾力的	→	水 平
ε_Sが小さい	→	非 弾 力 的	→	急
$\varepsilon_S=0$	→	完全非弾力的	→	垂 直

であるので，**答え** は③です。

Chapter IV

部分均衡分析と余剰分析

　$D=$市場全体の需要量，$S=$市場全体の供給量，$P=$価格，$\varepsilon_D=$需要の価格弾力性，$\varepsilon_S=$供給の価格弾力性とします。第1，2章の消費者行動理論を踏まえれば，第 i 消費者の第1財に対する個別需要関数は，

$\quad x^i{}_1 = x^i{}_1(P_1 : P_2, E^i{}_0)$ （個別需要関数）

第3章の生産者行動理論を踏まえれば，第 j 生産者の第1財の個別供給関数は，

$\quad ys^j{}_1 = ys^j{}_1(P_1 : w, r, K^j{}_0)$ （個別供給関数）

と定式化することができます。m 人の消費者が市場に参加しているならば，

$\quad D_1 = \Sigma x^i{}_1(P_1 : P_2, E^i{}_0)$

$\quad\quad = D_1(P_1 : P_2, E^1{}_0, E^2{}_0, \cdots\cdots, E^i{}_0, \cdots\cdots, E^m{}_0)$

　　　　　　　　　　　　　　　　　　　　　　（市場需要関数）

n 人の生産者が市場に参加しているならば，

$\quad S_1 = \Sigma ys^j{}_1(P_1 : w, r, K^j{}_0)$

$\quad\quad = S_1(P_1 : w, r, K^1{}_0, K^2{}_0, \cdots\cdots, K^j{}_0, \cdots\cdots, K^n{}_0)$

　　　　　　　　　　　　　　　　　　　　　　（市場供給関数）

です。表示を単純化すれば，

$\quad D_1 = D_1(P_1)$ （市場需要関数）

$\quad S_1 = S_1(P_1)$ （市場供給関数）

が得られます。

　消費者行動理論・生産者行動理論から市場均衡分析への議論の流れを理解しましょう。市場全体の需給均衡による価格・数量の決定（短期市場均衡），均

衡価格・数量の安定性・不安定性（ワルラスの価格調整とマーシャルの数量調整）の理解が第1の柱です。短期市場均衡と産業の長期均衡のちがいの理解が第2の柱です。消費者余剰・生産者余剰とは何か，これらの余剰が，政府の価格・数量規制と課税によってどのように変化するのかの理解が第3の柱です。

I 市場の短期均衡と長期均衡

　第1，2章では1人の個別需要関数，第3章では1人の個別供給関数を導出しました。本章では，m人の消費者とn人の生産者から構成されている「市場」を考え，市場全体の需要と市場全体の供給との均衡による価格の決定を理解しましょう。これは「短期市場均衡」の問題です。

　完全競争市場下，長期においては，参入・退出は自由にできるので生産者数が変化し，市場供給曲線は個別供給曲線の単純水平和ではありません。生産者の参入・退出がなく，市場を均衡させる価格・取引量が長期的に持続しうる状態は「産業の長期均衡」と呼ばれています。短期市場均衡と産業の長期均衡のちがいを理解します。

問題4－1　市場供給関数，市場需要関数および短期市場均衡

(1)　個別企業の短期の総費用（TC）をTC＝$4+y^2$とします。平均費用，限界費用を求めなさい。
(2)　P＝価格として，この個別企業の供給関数を求めなさい。
(3)　同質的な企業数をnとして，市場供給関数を求めなさい。
(4)　市場需要関数がD＝100－Pで与えられ，短期均衡市場価格が10であることが分かっているとします。このときの，企業数および個別企業の利潤を求めなさい。

≪解答＆解答の解説≫
(1)　平均費用をAC，限界費用をMCとすると，

$$AC = \frac{TC}{y} = \frac{4}{y} + y \quad \text{答え}$$
$$MC = \frac{dTC}{dy} = 2y \quad \text{答え}$$

です。

(2) 個別企業の利潤最大化の1階の条件

P＝MC（価格＝限界費用：☞ p.92）

より，個別供給関数は，

P＝2y

あるいは，

$$y = \frac{P}{2} \quad \text{答え}$$

を得ることができます。平均可変費用（AVC）は，$AVC = \frac{y^2}{y} = y$ であり，操業停止点（平均可変費用曲線と限界費用曲線の交点）は原点であるので，個別供給曲線は限界費用曲線と完全に一致しています。

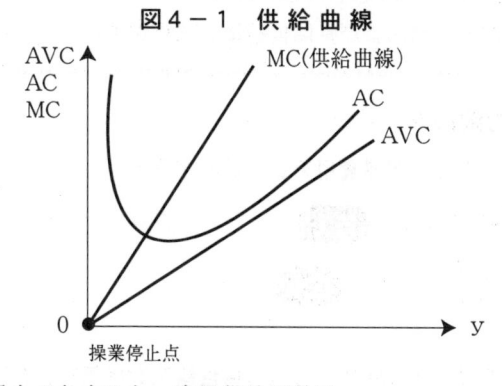

図4－1 供給曲線

(3) 市場供給量をSとすると，市場供給関数は，

$$S = n \cdot y = n \cdot \frac{P}{2} \quad \text{答え}$$

です。

(4) 需給均衡方程式は「供給＝需要（S＝D）」であるので，

$$n \cdot \frac{P}{2} = 100 - P \quad （供給＝需要）$$

です。需給均衡価格はP＊＝10で与えられているので，需給均衡取引量は90であることが分かります。

$$S^* = 90 = n \cdot \frac{P^*}{2} = n\frac{10}{2}$$

より，$n^* = 18$ 答え

が得られます。このときの個別企業の生産量は，

$$S^* = 90 = n^* \cdot y = 18 \cdot y \quad \text{あるいは} \quad y = \frac{P^*}{2} = \frac{10}{2}$$

より，$y^* = 5$ です。したがって，個別企業の利潤は，

$$\pi^* = P^* \cdot y^* - C(y^*) = P^* \cdot y^* - (4 + y^{*2})$$
$$= 10 \cdot 5 - (4 + 5^2) = 21 \quad \text{答え}$$

です。

問題 4-2　産業の長期均衡

(1) 個別企業の長期の総費用（LTC）を $LTC = 4y$ とします。平均費用，限界費用を求めなさい。

(2) $P = $ 価格として，市場需要関数が $D = 100 - P$ で与えられているとき，産業の長期均衡価格および長期供給量を求めなさい。

≪解答＆解答の解説≫

(1) 平均費用をLAC，限界費用をLMCとすると，

$$LAC = \frac{LTC}{y} = 4 \quad \text{答え}$$
$$LMC = \frac{dLTC}{dy} = 4 \quad \text{答え}$$

です。

(2) 長期においては企業数が変化し，市場供給関数は個別供給関数の単純な水平和ではありません。産業の長期均衡においては，

$$P = LMC = LAC \quad \text{（価格＝長期限界費用＝長期平均費用）}$$

が成立しています。したがって，産業の長期均衡価格は 4 答え です。市場需要関数は $D = 100 - P$ であるので，供給量は，

$$100 - P^* = 100 - 4 = 96 \quad \text{答え}$$

です。

Chapter Ⅳ　部分均衡分析と余剰分析

問題 4 − 3　市場均衡

市場需要関数，市場供給関数がそれぞれ次のように与えられています。

$D = 400 - \dfrac{1}{3} P$　（市場需要関数）

$S = -100 + \dfrac{1}{2} P$　（市場供給関数）

(1) 市場で成立する均衡取引量（x^*），均衡価格（P^*）を求めなさい。

(2) 市場需要曲線と市場供給曲線の交点が何を意味するのかを説明しなさい。

≪解答＆解答の解説≫

価格・数量の短期市場均衡水準は市場需要曲線と市場供給曲線の交点によって決定されます。市場需要曲線と市場供給曲線を図示し，価格・数量の市場均衡水準の決定を理解しましょう。

(1) 市場の需給均衡条件式は$D = S$（需要＝供給）

です。

$400 - \dfrac{1}{3} P = -100 + \dfrac{1}{2} P$　（需要＝供給）

であるので，$P^* = 600$，$x^* = 200$　**答え**

です。

(2) 市場需要曲線と市場供給曲線の交点は次の3つのことを意味しています。

① 市場需要曲線上の点は消費者の主体均衡条件を満たしているので，交点は消費者の効用最大化を達成しています。

② 市場供給曲線上の点は生産者の主体均衡条件を満たしているので，交点は生産者の利潤最大化を達成しています。

③ 交点は「需要＝供給」の市場均衡条件を満たしています。

問題 4 — 4　市場需要の価格弾力性と市場供給の価格弾力性

(1) 市場需要関数と需要の価格弾力性に関する記述として，正しいものはどれですか。
　① 需要の価格弾力性が1より大きいときは，需要曲線の傾斜は急になります。
　② 需要の価格弾力性が1より小さいときは，需要曲線の傾斜は急になります。
　③ 需要の価格弾力性が無限大のときは，需要曲線は垂直になります。

(2) 市場供給関数と供給の価格弾力性に関する記述として，正しいものはどれですか。
　① 供給の価格弾力性が1より大きいときは，供給曲線の傾斜は急になります。
　② 供給の価格弾力性が1より小さいときは，供給曲線の傾斜は急になります。
　③ 供給の価格弾力性がゼロのときは，供給曲線は水平になります。

≪解答＆解答の解説≫

「弾力性」は因果関係を表しています。弾力性は分母が原因，分子が結果です。需要の価格弾力性は価格の変化を原因，需要量の変化を結果とする弾力性です。供給の価格弾力性は価格の変化を原因，供給量の変化を結果とする弾力性です。$\left(\dfrac{dP}{P}\right)$ は価格の変化率，$\left(\dfrac{dD}{D}\right)$，$\left(\dfrac{dS}{S}\right)$ は需要量，供給量の変化率をそれぞれ意味しているので，ε_D，ε_S は価格が1％変化したときに，需要量，供給量がそれぞれ何％変化するかを示しています。横軸にD，S，縦軸にPをとって需要曲線，供給曲線を描きます。需要の価格弾力性 ε_D と市場需要曲線の傾き $\dfrac{dP}{dD}$ は逆の動きをします。供給の価格弾力性 ε_S と市場供給曲線の傾き $\dfrac{dP}{dS}$ は逆の動きをします。曲線が右下がりのとき，負の記号をつけてプラスの数値として弾力性を計算します。

(1) 需要の価格弾力性は,

$$\varepsilon_D = -\frac{\frac{dD}{D}}{\frac{dP}{P}} = -\frac{\frac{P}{D}}{\frac{dP}{dD}} \quad （需要の価格弾力性の定義）$$

と定義されるので,需要の価格弾力性（ε_D）と市場需要曲線（縦軸 P,横軸 D）の傾きは逆の動きをします。

ε_Sの大きさ	供給の価格弾力性	供給曲線の傾き
ε_Dが大きい →	弾力的（敏感） →	緩やか
$\varepsilon_D = \infty$ →	完全弾力的 →	水 平
ε_Dが小さい →	非弾力的（鈍感）→	急
$\varepsilon_D = 0$ →	完全非弾力的 →	垂 直

したがって, 答え は②の記述です。

(2) 供給の価格弾力性は,

$$\varepsilon_S = \frac{\frac{dS}{S}}{\frac{dP}{P}} = \frac{\frac{P}{S}}{\frac{dP}{dS}} \quad （供給の価格弾力性の定義）$$

と定義されるので,供給の価格弾力性（ε_S）と市場供給曲線（縦軸 P,横軸 S）の傾きは逆の動きをします。

ε_Sの大きさ	供給の価格弾力性	供給曲線の傾き
ε_Sが大きい →	弾力的（敏感） →	緩やか
$\varepsilon_S = \infty$ →	完全弾力的 →	水 平
ε_Sが小さい →	非弾力的（鈍感）→	急
$\varepsilon_S = 0$ →	完全非弾力的 →	垂 直

したがって, 答え は②の記述です。

【数学チェック】 需要の価格弾力性

需要関数を$P=P(D)=10-2D$と特定化します。価格が8から6へ下落すると、需要量は1から2へ増加します。$dD=2-1=1$, $dP=6-8=-2$であり、

$$\varepsilon_D = -\frac{\dfrac{dD}{D}}{\dfrac{dP}{P}} = -\frac{\dfrac{1}{1}}{\dfrac{-2}{8}} = 4$$

$$= -\frac{\dfrac{P}{D}}{\dfrac{dP}{dD}} = -\frac{\dfrac{8}{1}}{\dfrac{-2}{1}} = 4$$

$\varepsilon_D=4$は、需要量=1、価格=8の点における「需要の価格弾力性」です。

II 市場不均衡の調整

D=市場全体の需要量、S=市場全体の供給量、P=価格、P^D=需要者価格(限界的需要量に対して消費者が支払ってもよいと考える最高価格)、P^S=供給者価格(限界的供給量に対して生産者が要求する最低価格)とします。

価格・数量の組み合わせが需給曲線の交点(市場均衡水準)にない状態は「不均衡状態」と呼ばれています。不均衡状態にあるとき、均衡に復帰する運動要因が存在すれば、均衡は「安定」、存在しなければ「不安定」とそれぞれ呼ばれています。市場が不均衡の状態(ワルラスの世界では「需要量≠供給量」、マーシャルの世界では「需要者価格≠供給者価格」)のとき、均衡には再び戻らないのか(不安定)、均衡に再び戻るとすれば(安定)、価格の調整(ワルラスの調整)、数量の調整(マーシャルの調整)のいずれによって戻るのかを理解しましょう。

問題4−5　ワルラスの価格調整とマーシャルの数量調整

市場需要関数が$D = a - bP$，市場供給関数が$S = -c + dP$でそれぞれ与えられています。

(1) 市場均衡がワルラス的に安定となるための条件を示しなさい。

(2) 市場均衡がマーシャル的に安定となるための条件を示しなさい。

(3) 下図で，均衡がマーシャル的に安定であり，ワルラス的に不安定であるものの組み合わせとして正しいものはどれですか。

図4−2　ワルラスの価格調整とマーシャルの数量調整

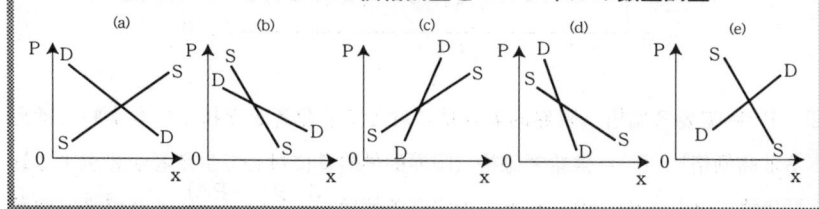

(a) (b) (c) (d) (e)

≪解答＆解答の解説≫

ワルラスの安定条件では，需要曲線・供給曲線を描き，任意の価格水準で水平線を引き，超過需要・超過供給の状態を確認しましょう。そして，価格の上昇が超過需要量の幅を小さくする（安定）のか，逆に大きくする（不安定）のかを確認しましょう。マーシャルの安定条件では，需要曲線・供給曲線を描き，任意の数量で垂直線を引き，超過需要者価格・超過供給者価格の状態を確認しましょう。そして，数量の増大が超過需要者価格の幅を小さくする（安定）のか，逆に大きくする（不安定）のかを確認しましょう。

(1) ワルラスの安定条件は$\dfrac{d(D-S)}{dP} < 0$です。均衡が安定であれば，図（縦軸価格，横軸数量）を縦方向に見て，価格の上昇が超過需要量$(D-S)$の幅を小さくするはずです。すなわち，

$$\frac{d(D-S)}{dP} = \frac{d\{a + c - (b+d)P\}}{dP} = -(b+d) < 0 \quad \boxed{答え}$$

図4-3　ワルラスの価格調整

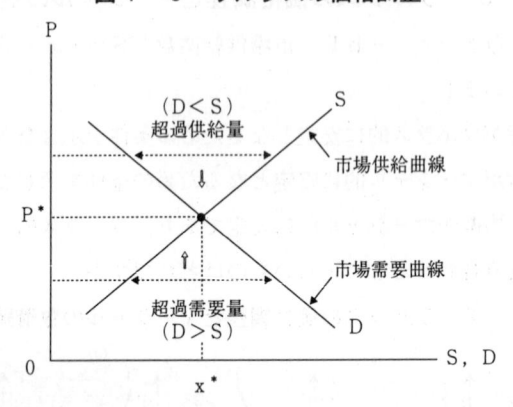

(2) P^D＝需要者価格（限界的需要量に対して消費者が支払ってもよいと考える最高価格），P^S＝供給者価格（限界的供給量に対して生産者が要求する最低価格）とします。マーシャルの安定条件は$\dfrac{d(P^D-P^S)}{dx}<0$です。均衡が安定であれば，図（縦軸価格，横軸数量）を横方向に見て，数量の増大が超過需要者価格（P^D-P^S）の幅を小さくするはずです。

$D=a-bP$より，

$P^D=\dfrac{a}{b}-\dfrac{D}{b}=\dfrac{a}{b}-\dfrac{1}{b}x$　（需要者価格）

$S=-c+dP$より，

$P^S=\dfrac{c}{d}+\dfrac{S}{d}=\dfrac{c}{d}+\dfrac{1}{d}x$　（供給者価格）

です。

$$\dfrac{d(P^D-P^S)}{dx}=\dfrac{d\{(\dfrac{a}{b}-\dfrac{c}{d})-(\dfrac{1}{b}+\dfrac{1}{d})x\}}{dx}$$

$$=-(\dfrac{1}{b}+\dfrac{1}{d})<0\quad\boxed{答え}$$

(3) 　**答え**　は（d）です。

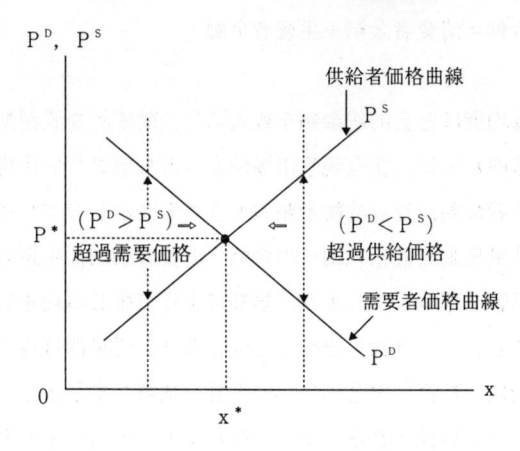

Chapter IV 部分均衡分析と余剰分析

図4－4 マーシャルの数量調整

（図：縦軸 P^D, P^S、横軸 x。右上がりの供給者価格曲線 P^S と右下がりの需要者価格曲線 P^D が交点 (x^*, P^*) で交わる。交点の左側は $(P^D > P^S)$ 超過需要価格、右側は $(P^D < P^S)$ 超過供給価格。）

III 余剰分析

　ミクロ経済学には，「あるがままの経済状態を説明する経済学」と「かくあるべき経済状態を論じる経済学」の２種類があります。かくあるべき経済状態を論じる経済学は「厚生経済学」あるいは「規範経済学」と呼ばれています。かくあるべき経済状態，つまり「経済厚生」を評価するためには，効率性と公平性の２つの基準が必要です。経済状態の効率性を評価するために「余剰」概念を用いる分析は「余剰分析」と呼ばれています。

　$x=$取引量，$P^*=$市場均衡価格（実際に支払った価格・実際に受け取った価格），$P^D=$需要者価格（限界的需要量に対して消費者が支払ってもよいと考える最高価格），$P^S=$供給者価格（限界的供給量に対して生産者が要求する最低価格）とすると，

　　$P^D(x) - P^* =$限界的需要量に対して消費者が支払わなくて済んだ額

　　$P^* - P^S(x) =$限界的供給量に対して生産者が余分に受け取った額

であり，

　　消費者余剰＝消費者が支払わなくて済んだ額の総計

生産者余剰＝生産者が余分に受け取った額の総計
　　　社会的総余剰＝消費者余剰＋生産者余剰
です。
　完全競争市場均衡は社会的総余剰を最大にし，効率的な資源配分を実現します。効率性の基準からは，完全競争市場がもっとも望ましい市場形態です。消費者余剰と生産者余剰，社会的総余剰の大きさを図示しながら確認しましょう。政府の規制（数量規制と価格規制）の余剰（消費者余剰，生産者余剰，社会的総余剰）への影響を理解しましょう。規制によって生じる死重的損失（非効率性）を理解しましょう。課税も規制の1つであり，従量間接税の余剰（消費者余剰，生産者余剰，社会的総余剰）への影響を理解しましょう。間接税が最終的に消費者によって負担されるのか，生産者によって負担されるのか（租税の帰着）を理解しましょう。生産者価格で測った供給者価格曲線，生産者価格で測った需要者価格曲線，消費者価格で測った供給者価格曲線，消費者価格で測った需要者価格曲線の4つを図示しながら区別しましょう。従量税の賦課による需給曲線のシフト，消費者余剰と生産者余剰の変化を理解しましょう。

【知っておきましょう】　余剰分析の問題点

　「余剰」は経済厚生を金額で評価するための概念です。余剰分析には次の問題点があります。

(1)　余剰分析は社会的総余剰によって経済状態の効率性だけを問題にし，経済状態の公平性（社会的総余剰の分配）を無視しています。

(2)　消費者の満足度を貨幣単位で表すことにより，消費者余剰を求める際に，1円の価値をすべての消費者に関して等しいとみなしています。「1円の価値をすべての消費者に関して等しい」（所得の高い消費者にとっての1円の価値と所得の低い消費者にとっての1円の価値が等しい）とみなすためには，所得効果をゼロと仮定する必要があります。

問題 4－6　消費者余剰と生産者余剰

市場需要関数，市場供給関数がそれぞれ次のように与えられています。消費者余剰，生産者余剰および社会的総余剰を求め，図示しなさい。

$D = 400 - \dfrac{1}{3}P$　（市場需要関数）

$S = -100 + \dfrac{1}{2}P$　（市場供給関数）

≪解答＆解答の解説≫

市場の需給均衡条件式はD＝S（需要＝供給）です。

$400 - \dfrac{1}{3}P = -100 + \dfrac{1}{2}P$　（需要＝供給）

であるので，P＊＝600，x＊＝200です。

縦軸にP，横軸にx（D，S）をとって図示しましょう。市場需要関数，市場供給関数より，需要者価格（逆需要）関数，供給者価格（逆供給）関数をそれぞれ求めましょう。

$P^D = 1,200 - 3x$　（需要者価格関数）

$P^S = 200 + 2x$　（供給者価格関数）

消費者余剰，生産者余剰，社会的総余剰をそれぞれＣＳ，ＰＳ，ＴＳとします。

$CS = (1,200 - 600) \times 200 \times \dfrac{1}{2} = 60,000$　**答え**

$PS = (600 - 200) \times 200 \times \dfrac{1}{2} = 40,000$　**答え**

$TS = CS + PS = 60,000 + 40,000 = 100,000$　**答え**

完全競争市場均衡（E点）は社会的総余剰を最大にし，効率的な資源配分を実現します。

図4-5 消費者余剰と生産者余剰および社会的総余剰

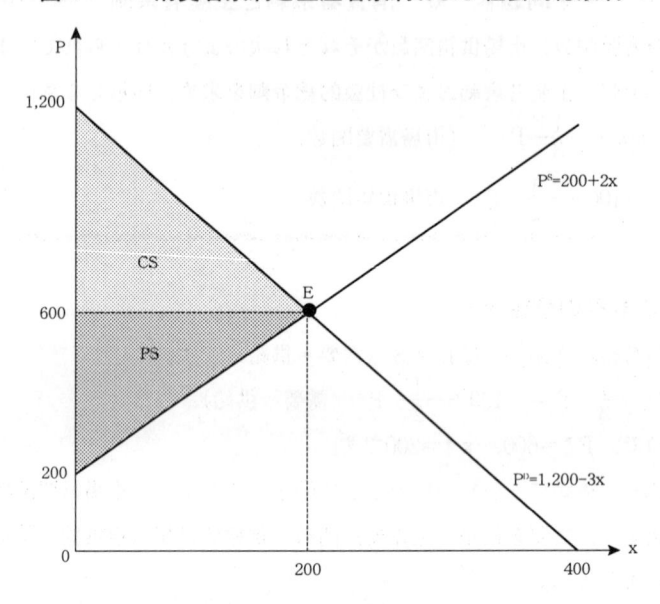

$P^S = 200 + 2x$

$P^D = 1{,}200 - 3x$

====== 問題4-7　規制と余剰 ======

(1) 市場供給量を x' に制限する政府の規制を考えます。図中の記号を用いて，消費者余剰，生産者余剰，死重的損失の大きさを説明しなさい。

図4-6 数量規制と余剰

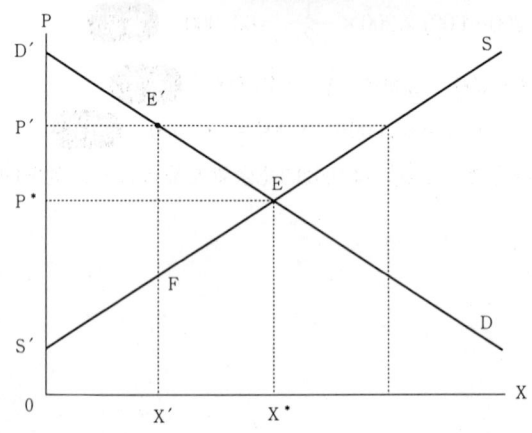

(2) 価格をP′に制限する政府の規制を考えます。図中の記号を用いて，消費者余剰，生産者余剰，死重的損失の大きさを説明しなさい。

図4－7　価格規制と余剰

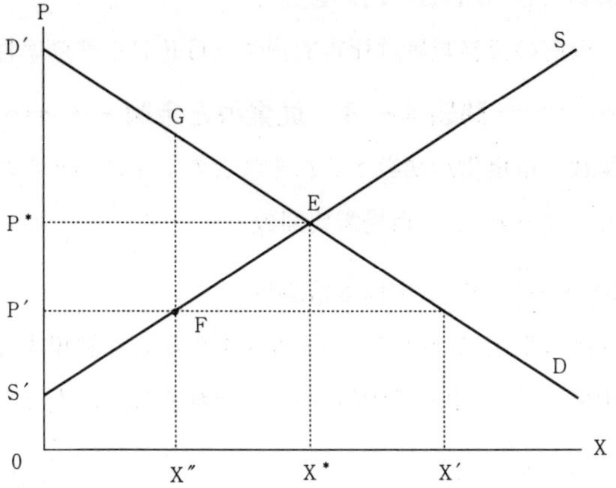

≪解答＆解答の解説≫

(1) 数量規制下，

　　市場均衡点：E′点

　　均衡価格：P′＞P*

　　均衡取引量：x′＜x*

であり，

　　消費者余剰　（D′E′P′＜D′EP*）

　　生産者余剰　（P′E′FS′≧P*ES′）

　　社会的総余剰（D′E′FS′＜D′ES′）

であるので，政府の数量規制は死重的損失（E′EF：非効率性）を生みます。

(2) 価格規制下，

　　市場均衡点：F点

　　均衡価格：P′＜P*

　　均衡取引量：x″＜x*

であり，

　消費者余剰　（D'GFP'≦D'EP*）
　生産者余剰　（P'FS'＜P*ES'）
　社会的総余剰（D'GFS'＜D'ES'）

であるので，政府の価格規制は死重的損失（GEF：非効率性）を生みます。

問題4－8　従量税と余剰

市場需要関数，市場供給関数がそれぞれ次のように与えられています。

$D = 400 - \frac{1}{3}P$ 　（市場需要関数）

$S = -100 + \frac{1}{2}P$ 　（市場供給関数）

政府が1単位の生産についてtの従量税を生産者に課税するとします。

(1) 消費者価格（P），生産者価格（P'）それぞれではかった均衡価格を求めなさい。

(2) 消費者余剰，生産者余剰，厚生上の損失（死荷重）の大きさを求める計算式を示しなさい。

(3) 政府の税収を最大にするtの水準を求めなさい。

≪解答＆解答の解説≫

(1) 課税の問題には，従量税と従価税の2種類のものがありますが，間接税（従量税・従価税）の導入によって，消費者価格（消費者が支払う価格）と生産者価格（生産者が受け取る価格）の区別が必要になります。

　消費者価格（P）と生産者価格（P'）の関係は，P＝P'＋tです。したがって，問題の逆需要関数，逆供給関数は次のように書かれなくてはいけません。

$P^D = 1{,}200 - 3x$ 　（消費者価格ではかった需要者価格関数）

$P^{S'} = 200 + 2x$ 　（生産者価格ではかった供給者価格関数）

縦軸にP，P'のいずれをとって図示するのかを決めなければなりません。縦軸にPをとると，供給者価格関数は，

Chapter IV 部分均衡分析と余剰分析

$P^{S'} = P^S - t = 200 + 2x$

であるので，問題の逆需要関数，逆供給関数は，

$P^D = 1,200 - 3x$ 　（消費者価格ではかった需要者価格関数）

$P^S = 200 + 2x + t$ 　（消費者価格ではかった供給者価格関数）

になります。

均衡条件式は $P^D = P^S$ （需要者価格＝供給者価格）であるので，

$1,200 - 3x = 200 + 2x + t$

より，

$x^* = 200 - \dfrac{1}{5}t$

$P^*(=P^{D*}=P^{S*}) = 600 + \dfrac{3}{5}t$

　　（**答え**：消費者価格ではかった均衡価格）

$P'^*(=P^{D'*}=P^{S'*}) = 600 - \dfrac{2}{5}t$

　　（**答え**：生産者価格ではかった均衡価格）

が得られます。

(2) 余剰を計算するときには，同じ価格（消費者価格，生産者価格）ではかる必要があります。消費者余剰，生産者余剰，厚生上の損失をそれぞれＣＳ，ＰＳ，ＤＷとします。厚生上の損失は，政府の経済への介入（課税）によって生じる社会的総余剰の損失の大きさのことです。

$CS = \{1,200 - (600 + \dfrac{3}{5}t)\} \times (200 - \dfrac{1}{5}t) \times \dfrac{1}{2}$ 　**答え**

$PS = \{(600 - \dfrac{2}{5}t) - 200\} \times (200 - \dfrac{1}{5}t) \times \dfrac{1}{2}$ 　**答え**

$DW = t \times \{200 - (200 - \dfrac{1}{5}t)\} \times \dfrac{1}{2}$ 　**答え**

従量税による死重的損失はとくに「税の超過負担」と呼ばれています。

(3) 政府の税収をＴとします。

$T = t \times (200 - \dfrac{1}{5}t) = 200t - \dfrac{1}{5}t^2$

Ｔを最大にする１階の条件は，

$\dfrac{dT}{dt} = 200 - \dfrac{2}{5}t = 0$

であるので，$t^* = 500$ 　**答え**

図4−8　従量税と余剰

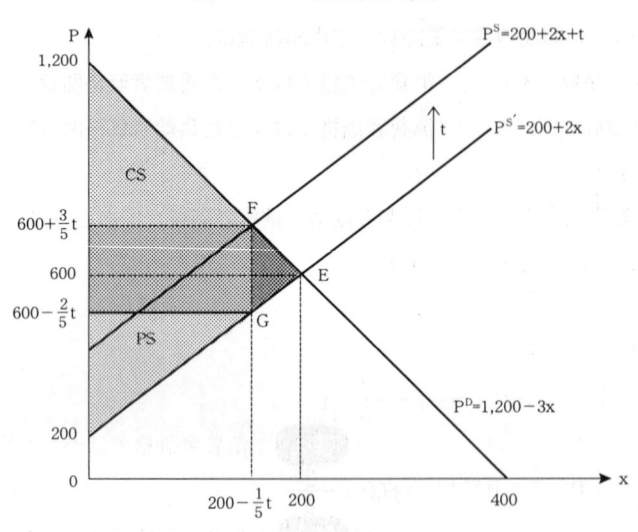

=== 問題4−9　間接税（従量税）の帰着 ===

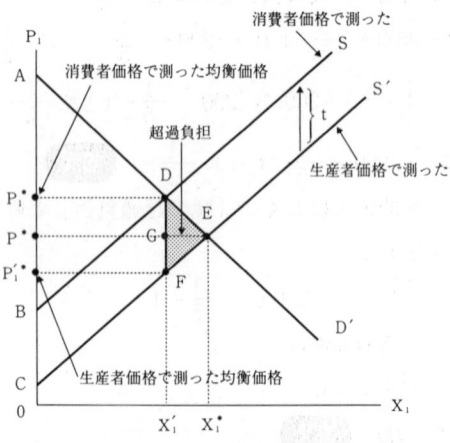

間接税（従量税）は納税者が他の経済主体に課税を転嫁できることを想定した税であるので，税負担転嫁が問題になります。消費者と生産者の単位当たりの税負担を図中の記号を用いて説明しなさい。

図4−9　間接税（従量税）の帰着

Chapter Ⅳ 部分均衡分析と余剰分析

≪解答＆解答の解説≫

x＝取引量，P＝消費者価格（消費者の支払う価格），P'＝生産者価格（生産者の受け取る価格），t＝従量税とすると，

消費者価格（P_1）＝生産者価格（P_1'）＋従量税（t）

です。間接税を導入したときは，

(1) 消費者価格（消費者の支払う価格）と生産者価格（生産者の受け取る価格）の区別が必要になります。

(2) 図示をするときには，縦軸に消費者価格，生産者価格のいずれをとっているのかを明示する必要があります。

(3) 消費者価格ではかった供給者価格曲線，消費者価格ではかった需要者価格曲線，生産者価格ではかった供給者価格曲線，生産者価格ではかった需要者価格曲線の4つを区別する必要があります。

(4) 市場均衡価格が消費者価格，生産者価格のいずれではかられたものであるかを理解する必要があります。

(5) 余剰を計算するときには，同じ価格（消費者価格，生産者価格）ではかる必要があります。すなわち，限界単位について，

　　消費者余剰＝需要者価格－市場均衡価格（ともに消費者価格ではかる）

　　生産者余剰＝市場均衡価格－供給者価格（ともに生産者価格ではかる）

　生産者が納税義務者であるときに，その間接税が最終的に消費者によって負担されるのか，生産者によって負担されるのか，つまり租税の負担の最終的帰着は「租税の帰着」と呼ばれています。

　　P^*＝課税前（消費者価格＝生産者価格）の市場均衡価格

　　P_1^*＝消費者価格で測った市場均衡価格（D点）

　　$P_1'^*$＝生産者価格で測った市場均衡価格（F点）

であり，消費者と生産者の単位当たりの負担は，

① 消費者の負担（DG）＝$P_1^*-P^*$

　　　　　　　　　　＝課税後の均衡消費者価格－課税前の市場均衡価格

② 生産者の負担（GF）＝$P^*-P_1'^*$

　　　　　　　　　　＝課税前の市場均衡価格－課税後の均衡生産者価格

です。負担比率は，

① 　消費者の負担率＝$\dfrac{DG}{DF}$

② 　生産者の負担率＝$\dfrac{GF}{DF}$

であり，△DEG，△GEFを考えて，E点における供給の価格弾力性，需要の価格弾力性は，

$$\varepsilon_D = -\dfrac{\dfrac{dx_1^*}{x_1^*}}{\dfrac{dP^*}{P^*}} = \dfrac{\dfrac{GE}{x_1^*}}{\dfrac{DG}{P^*}}$$

$$\varepsilon_S = \dfrac{\dfrac{dx_1^*}{x_1^*}}{\dfrac{dP^*}{P^*}} = \dfrac{\dfrac{GE}{x_1^*}}{\dfrac{GF}{P^*}}$$

であるので，

$$負担比率 = \dfrac{DG}{GF} = \dfrac{供給の価格弾力性（\varepsilon_S）}{需要の価格弾力性（\varepsilon_D）}$$

です。需給曲線をE点を支点とした「はさみ」とみなして，

① 　供給の価格弾力性（ε_S）＝∞（水平の供給曲線）のケース

$$負担比率 = \dfrac{消費者の負担}{生産者の負担} = \dfrac{\varepsilon_S}{\varepsilon_D} = \infty$$

このとき，租税の負担は100％消費者負担です。

② 　需要の価格弾力性（ε_D）＝∞（水平の需要曲線）のケース

$$負担比率 = \dfrac{消費者の負担}{生産者の負担} = \dfrac{\varepsilon_S}{\varepsilon_D} = 0$$

このとき，租税の負担は100％生産者負担です。

Chapter Ⅳ　部分均衡分析と余剰分析

【知っておきましょう】　租税・直接税と間接税

(1)　直接税（法人税，所得税，相続税）
　　納税者が他の経済主体に課税を転嫁できないことを想定した税は「直接税」と呼ばれています。

(2)　間　接　税
　　納税者が他の経済主体に課税を転嫁できることを想定した税は「間接税」と呼ばれています。

　　消費者・生産者から彼らの経済行動とは独立に一定額を徴収する税は一括税（定額税）と呼ばれています。課税後の市場需要曲線（需要者価格曲線）と市場供給曲線（供給者価格曲線）は課税前のそれらと同じです。したがって，定額税の導入下では，課税後の市場均衡は課税前の市場均衡と同じです。政府によって徴収された税金がすべて消費者・生産者に何らかの形で移転すると考えれば，定額税は市場の資源配分の効率性を歪めないという意味で「中立性」をもっています。

【知っておきましょう】　2種類の間接税

　入門のレベルでは，間接税として従量税タイプだけを考えればよいでしょう。従量税の導入によって，消費者価格と生産者価格の区別が行われることを理解しましょう。

① 　従　量　税
　　消費者価格（P）＝生産者価格（P′）＋従量税（ t ）
② 　従　価　税
　　消費者価格（P）＝（1＋従価税率）×生産者価格（P′）

【知っておきましょう】 税の超過負担

　図の縦軸に消費者価格をとります。課税後の市場需要曲線は課税前のそれと同じです。課税後の市場供給曲線（S）は課税前のそれ（S′）を上へtシフトさせたものです。

　Ｅ点＝課税前（消費者価格＝生産者価格）の市場均衡点
　Ｄ点＝課税後の消費者価格ではかった市場均衡点
　Ｐ＊＝消費者価格ではかった市場均衡価格
　Ｐ′＊＝生産者価格ではかった市場均衡価格＝Ｐ＊－ｔ

であり，

① 課税前の社会的総余剰（ＡＥＣ）
　　　　消費者余剰（ＡＥＰ＊）
　　　　生産者余剰（Ｐ＊ＥＣ）

② 課税後の社会的総余剰（ＡＤＦＣ）＝ＡＥＣ－ＤＥＦ
　　消費者余剰（ＡＤＰ$_1$＊）＝消費者価格ではかった需要者価格と市場均
　　　　　　　　　　　衡価格との差額の総計
　　生産者余剰（Ｐ$_1$′＊ＦＣ）＝生産者価格ではかった市場均衡価格と供給
　　　　　　　　　　　者価格との差額の総計
　　従量税（Ｐ$_1$＊ＤＦＰ$_1$′＊）

であり，ＤＥＦは従量税による死重的損失です。それはとくに「税の超過負担」と呼ばれています。というのは，国民は全体としてＰ$_1$＊ＤＦＰ$_1$′＊の大きさの従量税を負担しているのみならず，従量税賦課によるＤＥＦの大きさの死重的損失を余計に負担しているからです。

Chapter V

一般均衡分析とパレート最適基準

　市場全体の中から1つだけの市場の均衡を分析するのがマーシャルの部分均衡分析であり，全市場の同時均衡を包括的に分析するのがワルラスの一般均衡分析です。異なった経済状態の経済厚生を評価するための概念として，「余剰の最大化」（部分均衡分析）と「パレート最適」（一般均衡分析）があるが，選好関係（序数）は効用（基数）よりもより弱い仮定に依存しているので，パレート最適概念は余剰概念よりも優れています。

　純粋交換経済下のエッジワースのボックス・ダイヤグラム，契約曲線を図示しながら理解しましょう。厚生経済学の第1基本定理と第2基本定理を理解しましょう。

問題5－1　パレート基準とパレート最適

(1)　パレート基準とは何ですか。
(2)　パレート最適とは何ですか。

≪解答&解答の解説≫

(1)　「パレート基準」とは，ベクトル（複数の要素をもつ経済状態）の効率性を比較するための基準のことです。パレートの意味では，AとBではBが優れており，AとCでは優劣を比較できません。AからBへの移行は「パレート改善」と呼ばれています。

図5－1　パレート基準

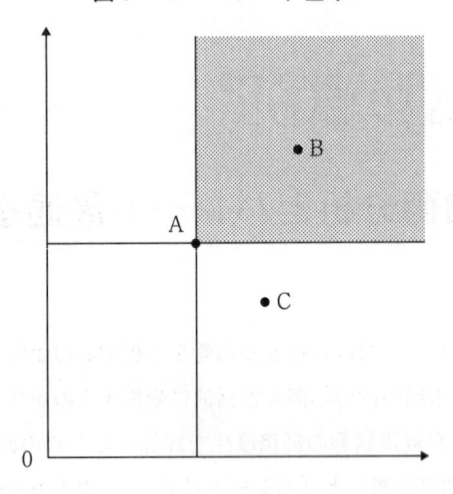

(2) 異なった経済状態の経済厚生（効率性）を評価するための概念としては、部分均衡分析では「余剰の最大化」、一般均衡分析では「パレート最適」がそれぞれ用いられています。ベクトルで示されるある経済状態があり、選択可能集合の中からその経済状態よりもパレートの意味で優れたものを選択できないとき、その経済状態は「パレート最適」であるといわれています。

問題5－2　純粋交換経済下の一般均衡分析

2人の消費者・2つの財のみから構成される純粋交換経済を考えます。2人の消費者の効用最大化問題は、

$\text{Max} \quad U_1 = U_1(x_{11}, x_{12})$ 　　　　（第1消費者の効用最大化）

$\text{s.t.} \quad P_1 x_{11} + P_2 x_{12} = P_1 x_{11}^0 + P_2 x_{12}^0$

　　　　　　　　　　　　　　　（第1消費者の予算制約式）

$\text{Max} \quad U_2 = U_2(x_{21}, x_{22})$ 　　　　（第2消費者の効用最大化）

$\text{s.t.} \quad P_1 x_{21} + P_2 x_{22} = P_1 x_{21}^0 + P_2 x_{22}^0$

　　　　　　　　　　　　　　　（第2消費者の予算制約式）

と定式化されています。第1，2消費者の交換前の第1，2財の保有量は，

$W_1 = (x_{11}^0, x_{12}^0)$　（第1消費者の交換前保有量）

$W_2 = (x_{21}^0, x_{22}^0)$　（第2消費者の交換前保有量）

です。以下の問いに答えなさい。

(1) エッジワースのボックス・ダイヤグラムの横軸を第1財，縦軸を第2財とするとき，ボックスの横軸の長さ，縦軸の長さを求めなさい。

(2) エッジワースのボックス・ダイヤグラムと契約曲線を図示しなさい。

(3) 純粋交換経済下のワルラスの法則を説明しなさい。

(4) 純粋交換経済のパレート最適条件を示しなさい。

≪解答＆解答の解説≫

(1) エッジワースのボックス・ダイヤグラムの横軸の長さ，縦軸の長さは次のとおりです。

① ボックスの横軸の長さ

$x_{11}^0 + x_{21}^0 = x_1^0$　（**答え**：第1財の生産量は一定）

② ボックスの縦軸の長さ

$x_{12}^0 + x_{22}^0 = x_2^0$　（**答え**：第2財の生産量は一定）

(2) 2人の無差別曲線（等効用曲線）のうち第2消費者の無差別曲線を180度回転し，W_1点とW_2点を重ねるようにして作図した箱型の図はエッジワースのボックス・ダイヤグラムと呼ばれています。エッジワースのボックス・ダイヤグラムにおいて，2人の消費者の無差別曲線が互いに接する点の軌跡は「契約曲線」と呼ばれています。契約曲線上では，2人の消費者はパレート最適状態にあります。すなわち，契約曲線上のある経済状態から一方の選好を高めようとすると，他方の選好を低めなくてはいけません。

図5-2 財空間のパレート最適と契約曲線

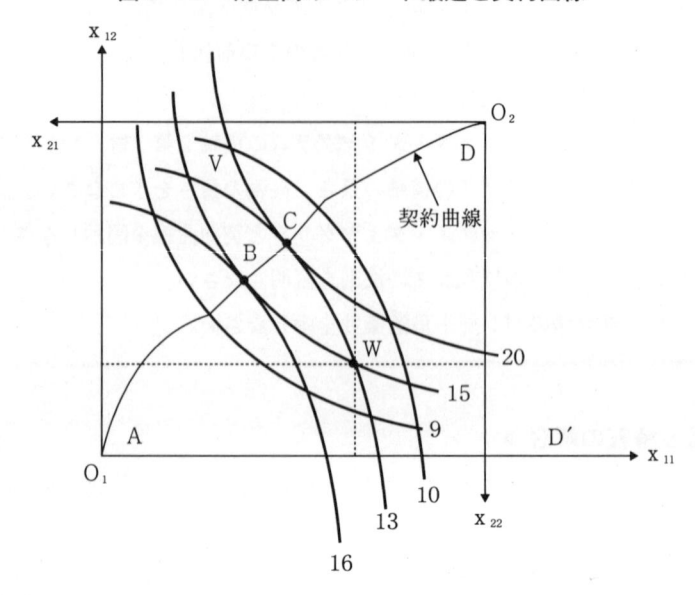

(3) 各消費者の予算制約式を経済全体として集計したものは「ワルラスの法則」と呼ばれています。2人の消費者の予算制約式は,

$$P_1 x_{11} + P_2 x_{12} = P_1 x_{11}^0 + P_2 x_{12}^0$$
$$P_1 x_{21} + P_2 x_{22} = P_1 x_{21}^0 + P_2 x_{22}^0$$

であり,これらを集計すると,

$$P_1(x_{11} + x_{21}) + P_2(x_{12} + x_{22})$$
$$= P_1(x_{11}^0 + x_{21}^0) + P_2(x_{12}^0 + x_{22}^0)$$

つまり,

$$P_1\{(x_{11} + x_{21}) - (x_{11}^0 + x_{21}^0)\}$$
$$+ P_2\{(x_{12} + x_{22}) - (x_{12}^0 + x_{22}^0)\} = 0$$

が得られます。これは,

　　(第1財の超過需要)+(第2財の超過需要)=0　　(ワルラスの法則)

を意味しています。

市場需給均衡条件式として,2本の方程式 ($D_1 = S_1$, $D_2 = S_2$) があり

ますが,「ワルラスの法則」より,独立な方程式は1本だけです。$D_1=S_1$ あるいは $D_2=S_2$ のいずれか1本の需給均衡方程式で1個の未知数 $\dfrac{P_1}{P_2}$ が決定されます。

(4) 純粋交換経済のパレート最適条件は次のとおりです。

$MRS_{12}{}^1 = MRS_{12}{}^2$　　　（第1, 2消費者の限界代替率の均等）

$x_{11} + x_{21} = x_{11}{}^0 + x_{21}{}^0 = x_1{}^0$　　（第1財の完全利用）

$x_{12} + x_{22} = x_{12}{}^0 + x_{22}{}^0 = x_2{}^0$　　（第2財の完全利用）

=== 問題5－3　厚生経済学の基本定理 ===

(1) 厚生経済学の第1基本定理を説明しなさい。

(2) 厚生経済学の第2基本定理を説明しなさい。

≪解答＆解答の解説≫

(1) 完全競争市場均衡はパレート最適であり,完全競争市場メカニズムはパレート最適を実現します。すなわち,完全競争市場メカニズムに委ねると,W点からA, B, C, D……点（パレート最適点）のいずれかに到達することができます。

図5-3　エッジワースのボックス・ダイヤグラム

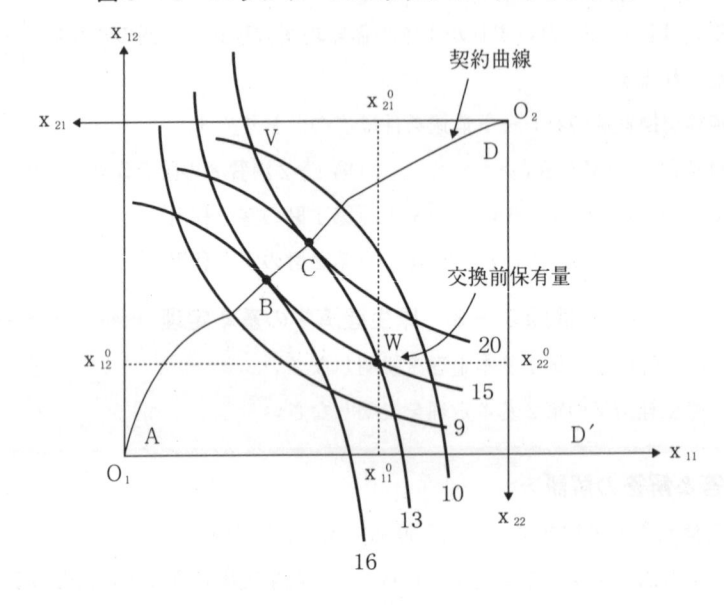

(2) 任意のパレート最適状態は，交換前の保有量を再配分することによって，あとは完全競争市場メカニズムにより実現することができます。すなわち，A, B, C, D……点はパレート最適点で効率性という点ではすべて同じですが，公平性という点では異なります。W点-（市場メカニズム）→　A点のとき，B点を達成しようと思えば，まず交換前の保有量を財政政策などによって再配分し，あとは市場メカニズムに任せればよいのです。

Chapter VI

不完全競争市場の理論

　市場は，4つの条件（財の同質性，多数の売手・買手，完全情報，参入・退出の自由）をすべて満たしておれば「完全競争市場」，いずれかを満たしていなければ「不完全競争市場」とそれぞれ呼ばれます。4つの中で1つだけを挙げるとすれば，「多数の売手・買手」です。売手が多数の中の1人であれば，いくら売っても値段は下がりません。あるいは，いくら売り惜しみをしても値段を引き上げることはできません。売手は現行の市場価格でいくらでも売ることができること，現行の価格に単独では何ら影響を与えられないことは，売手が「価格受容者」（price taker）であることの意味です。

　不完全競争市場の諸理論（独占的競争の理論，複占・寡占の理論，参入阻止価格理論など）はすべて独占モデルが基本です。すなわち，独占的競争，複占，寡占の理論はすべて「残余需要曲線」に直面する生産者の独占理論であることを理解しましょう。

　「独占禁止法」という法律があります。独占はなぜ禁止されているのでしょうか。

【知っておきましょう】 需要独占（買手独占）

　生産要素市場において100％のマーケットシェアをもっている生産者（需要独占者）の利潤最大化問題を考えることができます。生産者は右上がりの労働供給曲線に直面しています。これは「需要独占（買手独占）」の問題と呼ばれています。

【知っておきましょう】 独占的競争

　独占的要因（製品差別化のために右下りの需要曲線に直面しています）と完全競争的要因（参入・退出の自由があり，マーケットシェアは小さい）が混在している状態は「独占的競争」と呼ばれています。独占的競争は，同質ではないが，密接な代替関係にある財（差別化された財：ブランド商品）を多数の生産者（潜在的生産者）が生産する市場形態です。「市場全体の需要量－ライバル生産者の供給量」は「残余需要量」と定義されます。独占的競争企業は，製品差別化のために右下りの残余需要曲線に直面していますが，残余需要曲線は類似している製品を産出しているライバル生産者の供給量が増大するにつれて，左へシフトします（各生産者の直面している「残余需要曲線」は右下りであるので，各生産者は価格支配力をもっています）。独占的競争の長期均衡では，残余需要曲線が平均費用曲線と接し，独占利潤（超過利潤）はゼロです。超過利潤はゼロであるので，参入・退出はなく，残余需要曲線はもはや左へシフトしません。各生産者は最適規模産出量以下の水準しか生産していないので，過剰生産設備を保有することになります。

I　不完全競争市場の基礎理論

　生産者が，完全競争市場では水平の需要曲線（いくら売っても，売り惜しみをしても現行の市場価格は変わらない）に直面し，不完全競争市場では右下りの需要曲線（売れば市場価格が下がり，売り惜しみをすれば市場価格を引き上げる）に直面していることのちがいを理解しましょう。逆市場需要関数 $P = a - by$ を用いて，需要曲線，限界収入曲線，限界費用曲線，市場均衡点，均衡価格，均衡産出量，独占利潤を図示しながら，理解しましょう。図による理解が大切です。

問題6−1　独占企業（売手独占）の理論

$C = C(y) = y^2$の形の総費用関数をもっている独占企業を考えます。市場需要関数は，$D = D(P) = 1,200 - P$で与えられています。以下の問いに答えなさい。

(1) 完全競争市場下の企業と不完全競争市場下の企業の利潤最大化問題のちがいを説明しなさい。

(2) この独占企業の限界収入を求めなさい。

(3) 限界収入を需要の価格弾力性を用いて表しなさい。

(4) 需要曲線，限界収入曲線，限界費用曲線，平均費用曲線を図示しなさい。

(5) 利潤最大化産出量を求めなさい。

(6) この独占企業の設定する価格水準（市場均衡価格）を求めなさい。

(7) 消費者余剰，生産者余剰，社会的総余剰，厚生上の損失（死荷重）の大きさを求める計算式を示しなさい。

(8) この独占企業の超過利潤を求め，図示しなさい。

(9) この企業の独占度を求めなさい。

(10) 完全競争市場の場合と完全独占の場合とでの価格差を求めなさい。

≪解答＆解答の解説≫

(1) 企業の利潤最大化問題

① 完全競争市場下の企業の利潤最大化問題

完全競争市場下の１人の生産者は，多数の生産者の中の小さなマーケットシェアしかもっていないので，価格支配力をもっていません。１人の生産者が直面する需要曲線は市場均衡価格で水平であり，それは当該生産者がいかに多く供給しようが，しまいが市場均衡価格に何らの影響を及ぼすことができないことを意味しています。完全競争市場下の生産者の意思決定にとっては市場均衡価格は所与であり，その意味で，生産者は価格受容者（price taker）です。

完全競争市場下の生産者の利潤最大化問題は、

　　Max　$\pi = P \cdot y - C(y)$　（利潤の最大化）

　　s.t.　$P = P^*$　（生産者によって所与の市場均衡価格）

です。利潤最大化の1階の条件は、

　　$P^* = \dfrac{dC}{dy}$　（市場均衡価格＝限界費用）

です。

② 不完全競争市場下の企業の利潤最大化問題

売手独占下の生産者は100％のマーケットシェアをもっているので、価格支配力をもっています。生産者は一人で市場のすべての需要者を相手にしているので、直面する需要曲線は右下りの市場需要曲線です。それは生産者の供給量の多寡が市場均衡価格水準を左右することを意味しています。供給独占下の生産者の意思決定にとっては市場価格は設定可能であり、その意味で、生産者は価格設定者（price setter）です。供給独占者の利潤最大化問題は、

　　Max　$\pi = P \cdot y - C(y)$　（利潤の最大化）

　　s.t.　$P = P(y)$　　　　　（逆市場需要関数：需要者価格関数）

であり、利潤最大化の1階の条件は、

$$\dfrac{d\pi}{dy} = \dfrac{d(P(y) \cdot y)}{dy} - \dfrac{dC(y)}{dy} = 0$$

すなわち、

$$\dfrac{dP(y)}{dy} \cdot y + P(y) \cdot \dfrac{dy}{dy} - \dfrac{dC(y)}{dy} = 0$$

つまり、

$$\underbrace{\dfrac{dP}{dy} \cdot y + P}_{\text{限界収入}} = \underbrace{\dfrac{dC(y)}{dy}}_{\text{限界費用}}$$

です。

【数学チェック】　$\dfrac{d(P(y) \cdot y)}{dy}$

$P(y) \cdot y$ の y についての微分は積の公式を用います。

Chapter Ⅵ　不完全競争市場の理論

> すなわち,
> $$\frac{d(P(y) \cdot y)}{dy} = \frac{dP}{dy} \cdot y + P \cdot \frac{dy}{dy}$$
> です。逆市場需要関数を $P = a - by$ と特定化します。
> 　　総収入 = TR = $P(y) \cdot y = (a - by) \cdot y = ay - by^2$
> 　　限界収入 = MR = $\dfrac{dTR}{dy} = a - 2by$
>
> | | 縦軸切片 | 傾き |
> |---|---|---|
> | 市場需要曲線 : | a | $-b$ |
> | 限界収入曲線 : | a | $-2b$ |

(2)　$D = D(P) = 1{,}200 - P$（需要関数）より,

　　$P = 1{,}200 - y$　（逆需要関数）

が得られます。総収入をR, 限界収入をMRとすると,

　　$R = Py = (1{,}200 - y)y = 1{,}200y - y^2$

　　$MR = \dfrac{dR}{dy} = 1{,}200 - 2y$　　(**答え**：限界収入)

です。

(3)　需要の価格弾力性 $\varepsilon_D = -\dfrac{\frac{dy}{y}}{\frac{dP}{P}} = -\dfrac{dy}{dP} \cdot \dfrac{P}{y}$ より,

　　$\dfrac{1}{\varepsilon_D} = -\dfrac{dP}{dy} \cdot \dfrac{y}{P}$

であり,

　　$\dfrac{dP}{dy} \cdot y = -P \cdot \dfrac{1}{\varepsilon_D}$

です。

　　$MR = \dfrac{dP}{dy} \cdot y + P$　（限界収入）

において,

　　$\dfrac{dP}{dy} \cdot y = -P \cdot \dfrac{1}{\varepsilon_D}$

であるので,

　　$MR = -P \cdot \dfrac{1}{\varepsilon_D} + P = P \cdot \left(1 - \dfrac{1}{\varepsilon_D}\right)$　(**答え**)

です。

(4) 限界費用をMC，平均費用をACとすれば，$C = y^2$であるので，
$$MC = \frac{dC}{dy} = 2y$$
$$AC = \frac{C}{y} = y$$
です。

図6－1 供給独占の余剰分析

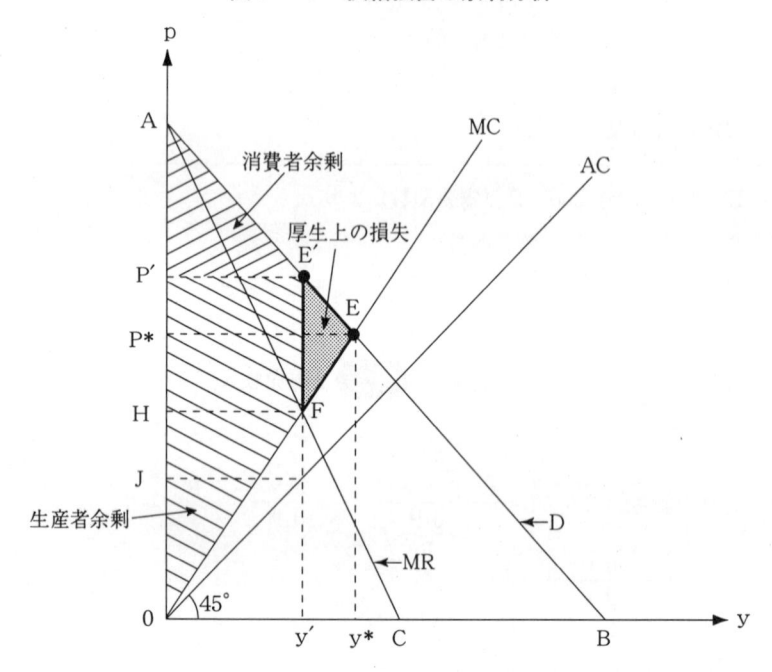

(5) この独占企業の利潤最大化問題は次のように定式化されます。利潤をπとします。市場需要関数$D = 1,200 - P$より，$P = 1,200 - y$（逆需要関数）を得ることができます。

$$\text{Max} \quad \pi = P \cdot y - C(y) = (1,200 - y) \cdot y - y^2 = 1,200y - 2y^2$$

利潤最大化の1階の条件は，
$$\frac{d\pi}{dy} = 1,200 - 4y = 0$$
です。$y^* = 300$ 答え

(6) 利潤最大化産出量$y^* = 300$を決定することができました。独占企業の供給

曲線は $y^*=300$ で垂直です。したがって，市場の需給均衡条件式は，$y^*=1{,}200-P$ であり，独占企業の設定する価格水準は $P^*=900$ 答え です。市場均衡価格は需給両要因によって決定されますが，独占供給者は産出量の多寡によって市場均衡価格をコントロールできます。それが価格設定者（price setter）と呼ばれる理由です。

(7) 消費者余剰，生産者余剰，社会的総余剰，厚生上の損失（死荷重）をそれぞれCS，PS，TS，DWとします。

$$CS = (1{,}200-900) \times 300 \times \frac{1}{2} \quad \text{答え}$$
$$PS = \{(900-600)+(900-0)\} \times 300 \times \frac{1}{2} \quad \text{答え}$$
$$TS = CS + PS \quad \text{答え}$$
$$DW = (900-600) \times (400-300) \times \frac{1}{2} \quad \text{答え}$$

(8) $\pi^* = P(y^*) \cdot y^* - C(y^*)$
$= (1{,}200-y^*) \cdot y^* - y^{*2} = 180{,}000$ （答え：超過利潤）

図6－2　独占企業の理論

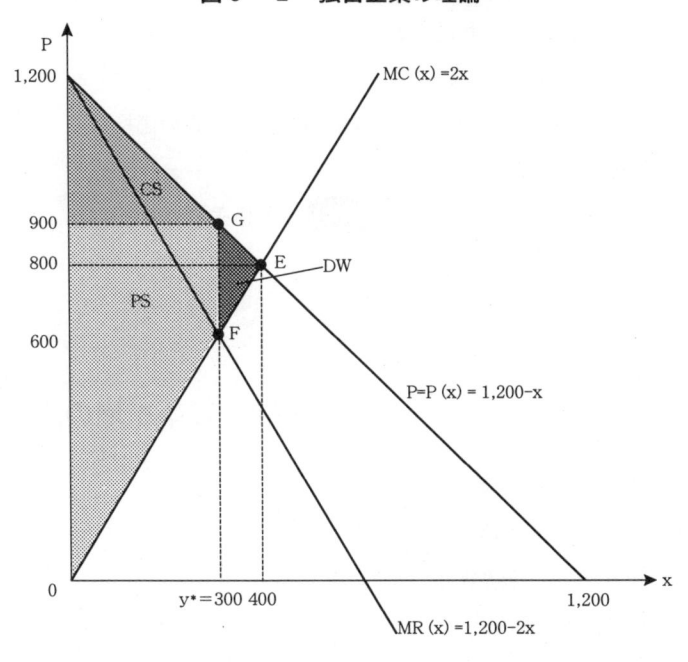

(9) ラーナーの独占度は，$\dfrac{P-MC}{P} = 1 - (1 - \dfrac{1}{\varepsilon_D}) = \dfrac{1}{\varepsilon_D}$ で定義されます。MC＝2ｙです。

$P^* = 900$

$MC(y^*) = 2 \times 300 = 600$

であるので，

$\dfrac{P-MC}{P} = \dfrac{900-600}{900} = \dfrac{1}{3}$　（**答え**：独占度）

です。

(10) 総費用関数C＝ｙ²より，限界費用（MC）

$MC = \dfrac{dC}{dy} = 2y$

を得ることができ，P＝2ｙが逆供給関数です。完全競争市場均衡は，

S＝D　（市場需給均衡式）

$S = \dfrac{P}{2}$　（供給関数）

D＝1,200－P　（需要関数）

より，

$\dfrac{P}{2} = 1,200 - P$　（供給＝需要）

したがって，

$P^{**} = 1,200 \times \dfrac{2}{3} = 800$　（完全競争市場の場合の価格）

が得られます。かくて，

$P^* - P^{**} = 900 - 800 = 100$　（**答え**：価格差）

です。

II 不完全競争市場の応用理論

供給独占者の産出量・価格の決定式は，

$\underbrace{P \cdot (1 - \dfrac{1}{\varepsilon_D})}_{限界収入} = \underbrace{C'(y)}_{限界費用}$

でした。大人料金と学生料金の区別が行われることがありますが，生産者に

とっては，大人向け，学生向けの限界費用は同じです。ちがうのは，大人と学生の需要の価格弾力性（ε_D）の大きさであり，供給独占者が需要の価格弾力性（ε_{D1}, ε_{D2}）の異なる市場に供給するときは「価格差別」を行い，需要の価格弾力性の大きい（学生向け）市場にはより低い価格を設定します。

独占理論を踏まえて，複占理論を学びましょう。

$\pi = P \cdot y - C(y)$　　　　　　　　（供給独占者の利潤最大化）

$\pi_1 = P(y_1 + y_2) \cdot y_1 - C(y_1)$　　（第1生産者の利潤最大化）

これら2本の式のちがいを理解しましょう。供給独占者はビール何本という形で利潤最大化産出量を求めることができますが，第1生産者（複占者）はライバル企業が何本であれば何本という形でしか利潤最大化産出量を求められません。計算問題の形で，2つの反応関数を求め，2本の反応曲線を図示して，クールノー均衡を理解しましょう。

クールノー理論では，第1，2生産者が相互に独立して産出量を決めています。シュタッケルベルク理論は例えば，第1生産者が先導者として産出量を決め，第2生産者がそれを見た後に追随者として産出量を決めます。追随者は先導者の産出量の決定を所与として利潤最大化を図り，先導者は追随者の反応関数を読み込んだ上で利潤最大化を図ります。第1，2生産者の利潤最大化問題は次のように定式化されます。

Max　$\pi_1 = P \cdot y_1 - C(y_1) = \pi_1(y_1)$　（第1生産者の利潤最大化）

s.t.　$P = P(y_1 + y_2)$　　　　　　　　（逆市場需要関数）

　　　$y_2 = R_2(y_1)$　　　　　　　　　（第2生産者の反応関数）

クールノー理論，シュタッケルベルク理論の理解には，計算問題の解法が第1です。

問題6－2　価　格　差　別

　ある売手独占者が需要の価格弾力性の異なった，かつ互いに独立した（すなわち転売のできない）2つの市場（例えば，国内市場・海外市場，業務用市場・家庭用市場，大人向け市場・学生向け市場）へ同一生産物を

供給している状態を考えます。2つの異なった市場の需要曲線はそれぞれ,
$$P_1 = P_1(y_1) = 80 - 5y_1$$
$$P_2 = P_2(y_2) = 180 - 20y_2$$
と定式化されています。この売手独占者の総費用関数は,
$$C = 50 + 20(y_1 + y_2)$$
です。以下の問いに答えなさい。

(1) この売手独占者の利潤最大化問題を定式化しなさい。

(2) 各市場で設定される均衡価格 P_1^*, P_2^* を求めなさい。

(3) この均衡価格のもとでの, 各市場における需要の価格弾力性を求めなさい。

(4) 需要の価格弾力性と均衡価格の関係を説明しなさい。

≪解答＆解答の解説≫

(1) ここでの売手独占者の利潤最大化問題は次のように定式化されます。

$$\text{Max } \pi = P_1 y_1 + P_2 y_2 - C(y_1 + y_2) \quad (\text{利潤の最大化})$$
$$= P_1 y_1 + P_2 y_2 - \{50 + 20(y_1 + y_2)\}$$

s.t. $P_1 = P_1(y_1)$
$\quad\quad = 80 - 5y_1$
$\quad\; P_2 = P_2(y_2)$
$\quad\quad = 180 - 20y_2$

(2) 利潤最大化問題は次のように整理されます。

$$\text{Max } \pi = P_1 y_1 + P_2 y_2 - C(y_1 + y_2) \quad (\text{利潤の最大化})$$
$$= (80 - 5y_1)y_1 + (180 - 20y_2)y_2 - \{50 + 20(y_1 + y_2)\}$$

利潤最大化の1階の条件は,

$$\frac{\partial \pi}{\partial y_1} = 80 - 10y_1 - 20 = 0 \quad (\pi \text{の} y_1 \text{についての偏微分})$$

$$\frac{\partial \pi}{\partial y_2} = 180 - 40y_2 - 20 = 0 \quad (\pi \text{の} y_2 \text{についての偏微分})$$

であり、

$y_1^* = 6$

$y_2^* = 4$

が得られます。2つの異なった市場の均衡価格は需給均衡によって決定されるので、

$P_1^* = P_1(y_1^*) = 80 - 5y_1^* = 80 - 5 \times 6 = 50$ 答え

$P_2^* = P_2(y_2^*) = 180 - 20y_2^* = 180 - 20 \times 4 = 100$ 答え

です。

(3) 需給均衡点における、2つの市場における需要の価格弾力性は次のようにして求められます。

$$\varepsilon_1 = -\frac{\frac{dy_1}{y_1}}{\frac{dP_1}{P_1}} = -\frac{dy_1}{dP_1} \cdot \frac{P_1^*}{y_1^*}$$

$$= -\left(-\frac{1}{5}\right) \cdot \frac{50}{6} = \frac{5}{3}$$ 答え

$$\varepsilon_2 = -\frac{\frac{dy_2}{y_2}}{\frac{dP_2}{P_2}} = -\frac{dy_2}{dP_2} \cdot \frac{P_2^*}{y_2^*}$$

$$= -\left(-\frac{1}{20}\right) \cdot \frac{100}{4} = \frac{5}{4}$$ 答え

(4) 一般的にいえば、利潤最大化の1階の条件「限界収入＝限界費用」より、

$$P_1 + \frac{dP_1}{dy_1} \cdot y_1 = P_1\left(1 - \frac{1}{\varepsilon_1}\right) = C'(y_1 + y_2) = MC$$

$$P_2 + \frac{dP_2}{dy_2} \cdot y_2 = P_2\left(1 - \frac{1}{\varepsilon_2}\right) = C'(y_1 + y_2) = MC$$

であるので、

$$P_1^*\left(1 - \frac{1}{\varepsilon_1}\right) = P_2^*\left(1 - \frac{1}{\varepsilon_2}\right) (= MC)$$

が得られ、

$\varepsilon_1 > \varepsilon_2 \Leftrightarrow P_1^* < P_2^*$

です。⇔は同値の記号です。本問題では、

$\dfrac{5}{3} > \dfrac{5}{4} \Leftrightarrow 50 < 100$ （需要の価格弾力性と均衡価格の関係）

です。売手独占者は需要の価格弾力性（ε_1, ε_2）の異なる市場に供給するときは，価格差別を行い，需要の価格弾力性の小さい市場にはより高い価格を設定します。需要の価格弾力性が大きいことは「価格に対して敏感であること」，需要の価格弾力性が小さいことは「価格に対して鈍感であること」を意味しています。ですから，売手独占者は「価格に対して敏感である」人には低い価格を，「価格に対して鈍感である」人には高い価格をつけます。学生に対してはお金をもっていないからという社会的理由で低い価格をつけるのではなく，価格に対して敏感であるので，利潤最大化のために低い価格をつけるのです。

―― 問題6－3　クールノーの複占 ――

供給複占市場における第1, 2生産者の総費用関数を，

$C_1 = C_1(y_1) = 10 y_1$　（第1生産者の総費用関数）

$C_2 = C_2(y_2) = 10 y_2$　（第2生産者の総費用関数）

とし，市場需要関数を，

$P = 20 - y_1 - y_2$

とします。ここで，P＝価格，y_1, y_2＝第1, 2生産者の産出量です。以下の問いに答えなさい。

(1)　第1, 2生産者の利潤最大化問題を定式化しなさい。

(2)　第1, 2生産者の反応関数を求め，図示しなさい。

(3)　クールノー均衡（クールノー・ゲームのナッシュ均衡）を求めなさい。

≪解答＆解答の解説≫

(1)　第1, 2生産者の利潤最大化問題はそれぞれ次のように定式化されます。

Max　$\pi_1 = P \cdot y_1 - C_1(y_1)$　（第1生産者の利潤最大化）

　　　　$= P \cdot y_1 - 10 y_1$

s.t.　$P = P(y_1 + y_2)$　　　　（逆市場需要関数）

　　　$= 20 - y_1 - y_2$

Chapter Ⅵ　不完全競争市場の理論

$$\text{Max} \quad \pi_2 = P \cdot y_2 - C_2(y_2) \quad \text{(第2生産者の利潤最大化)}$$
$$= P \cdot y_2 - 10 y_2$$
$$\text{s.t.} \quad P = P(y_1 + y_2) \quad \text{(逆市場需要関数)}$$
$$= 20 - y_1 - y_2$$

(2) 上記の利潤最大化問題において，2人の生産者の戦略変数は産出量です。各生産者はライバル生産者の産出量を予想し，残余需要量（＝市場全体の需要量－ライバル生産者の予想供給量）を求めます。右下りの残余需要曲線下，各複占生産者は独占供給者になります。

第1,2生産者の利潤最大化問題はそれぞれ，

$$\text{Max} \quad \pi_1 = P \cdot y_1 - C_1(y_1) \quad \text{(第1生産者の利潤最大化)}$$
$$= (20 - y_1 - y_2) \cdot y_1 - 10 y_1$$
$$= 20 y_1 - y_1^2 - y_2 y_1 - 10 y_1$$

$$\text{Max} \quad \pi_2 = P \cdot y_2 - C_2(y_2) \quad \text{(第2生産者の利潤最大化)}$$
$$= (20 - y_1 - y_2) \cdot y_2 - 10 y_2$$
$$= 20 y_2 - y_1 y_2 - y_2^2 - 10 y_2$$

であり，利潤最大化の1階の条件はそれぞれ，

$$\frac{\partial \pi_1}{\partial y_1} = 20 - 2 y_1 - y_2 - 10 = 0$$

$$\frac{\partial \pi_2}{\partial y_2} = 20 - y_1 - 2 y_2 - 10 = 0$$

です。第1,2生産者の反応関数は，

$$y_1 = R_1(y_2) = 5 - \frac{1}{2} y_2 \quad \text{(答え：第1生産者の反応関数)}$$

$$y_2 = R_2(y_1) = 5 - \frac{1}{2} y_1 \quad \text{(答え：第2生産者の反応関数)}$$

です。

図6-3 第1, 2生産者の反応曲線

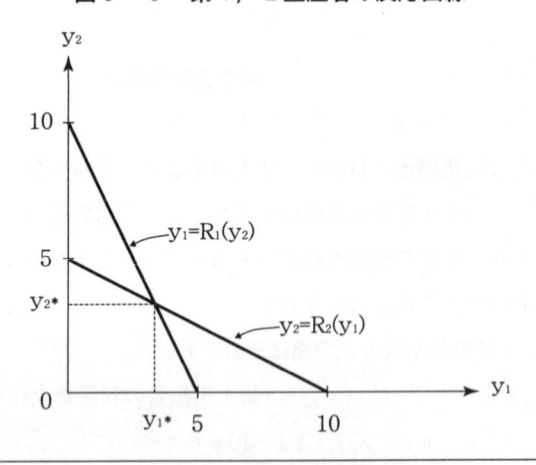

【知っておきましょう】 独占理論と複占理論

独占のときには,「限界収入＝限界費用（MR＝MC）」より産出量が決定されましたが,複占のときには,MR＝MCより,

$y_1 = R_1(y_2)$ （第1生産者の反応関数）

$y_2 = R_2(y_1)$ （第2生産者の反応関数）

を得ることになります。

(3) 各生産者は互いにライバル生産者の産出量を所与として,利潤最大化産出量を相互独立に決定します。2本の反応関数からクールノー均衡を求めることができます。

$$y_1 = R_1(y_2) = 5 - \frac{1}{2}y_2 \quad \text{（第1生産者の反応曲線）}$$

$$y_2 = R_2(y_1) = 5 - \frac{1}{2}y_1 \quad \text{（第2生産者の反応曲線）}$$

の2本の曲線の交点を求めると,

$y_1^* = \dfrac{10}{3}$ **答え**

$y_2^* = \dfrac{10}{3}$ **答え**

が得られます。

Chapter Ⅵ　不完全競争市場の理論

【知っておきましょう】　ベルトランの複占理論

　価格を戦略変数とする2人の生産者の複占理論を考えることができます。これは産出量を戦略変数とするクールノーの複占理論に対して,「ベルトランの複占理論」と呼ばれています。第1, 2生産者の利潤最大化問題は,

　　　Max　$\pi_1 = P_1 \cdot y_1 - C_1(y_1) = \pi_1(P_1, P_2)$
　　　　　　　　　　　　　　　　　　　　（第1生産者の利潤最大化）

　　　　　　$\pi_2 = P_2 \cdot y_2 - C_2(y_2) = \pi_2(P_1, P_2)$
　　　　　　　　　　　　　　　　　　　　（第2生産者の利潤最大化）

　　s.t.　　$y_1 = y_1(P_1, P_2)$　　　　（第1財の市場需要関数）

　　　　　　$y_2 = y_2(P_1, P_2)$　　　　（第2財の市場需要関数）

と定式化されます。

問題6－4　シュタッケルベルクの複占理論

　ある産業内に第1, 2の2人の生産者がいて, 第1生産者は利潤最大化をめざし, 第2生産者は利潤に関係なく, マーケットシェアを常に40%占めたいと考えています。第1生産者は第2生産者のこのような行動を知っているものとします。第1生産者の総費用関数を,

　　　$C_1 = C_1(y_1) = 10 y_1$

とし, 市場需要関数を,

　　　$P = 20 - y_1 - y_2$

とします。ここで, P＝価格, y_1, y_2＝第1, 2生産者の産出量です。以下の問いに答えなさい。

(1)　第2生産者の行動を定式化しなさい。
(2)　第1生産者の利潤最大化問題を定式化し, 最適産出量を求めなさい。
(3)　第2生産者の最適産出量を求めなさい。

≪解答＆解答の解説≫

(1) $\dfrac{y_2}{y_1+y_2}=0.4$（40％）であるので，
$y_2=0.4(y_1+y_2)$

であり，

$y_2=\dfrac{0.4}{0.6}y_1=\dfrac{2}{3}y_1$　**答え**

が得られます。

(2) 第1生産者の利潤最大化問題は次のように定式化されます。

Max　$\pi_1=P\cdot y_1-C(y_1)$　（第1生産者の利潤最大化）
　　　　$=P\cdot y_1-10y_1$

s.t.　$P=P(y_1+y_2)$　（逆市場需要関数）
　　　　$=20-y_1-y_2$

　　　$y_2=R_2(y_1)$　（第2生産者の反応関数）
　　　　$=\dfrac{2}{3}y_1$

上記の利潤最大化問題は，

Max　$\pi_1=(20-y_1-y_2)\cdot y_1-10y_1$　（第1生産者の利潤最大化）
　　　　$=(20-y_1-\dfrac{2}{3}y_1)\cdot y_1-10y_1$

に整理され，

$\dfrac{d\pi_1}{dy_1}=10-\dfrac{10}{3}y_1=0$　（利潤最大化の1階の条件）

より，

$y_1{}^*=3$　（**答え**：第1生産者の最適産出量）

を得ることができます。

(3) 第2生産者の反応関数 $y_2=\dfrac{2}{3}y_1$（問(1)の答え）に $y_1{}^*=3$ を代入すると，

$y_2{}^*=\dfrac{2}{3}y_1{}^*=\dfrac{2}{3}\cdot 3=2$　（**答え**：第2生産者の最適産出量）

が得られます。

【知っておきましょう】 クールノーとシュタッケルベルクの複占理論

　クールノー理論では，第1，2生産者が相互に独立して産出量を決めています。シュタッケルベルク理論は，第1生産者が先導者として産出量を決め，第2生産者がそれを見た後に追随者として産出量を決めます。追随者は先導者の産出量の決定を所与として利潤最大化を図り，先導者は追随者の反応関数を読み込んだ上で利潤最大化を図ります。ただし，問題6－4では第2生産者は利潤最大化ではなく，マーケットシェアの維持に関心をもっています。

問題6－5　独占的競争

(1)　独占的競争とはどのような状態であるのかを説明しなさい。

(2)　下図で，独占的競争市場下における生産者の短期最適産出量と長期最適産出量はいくらですか。

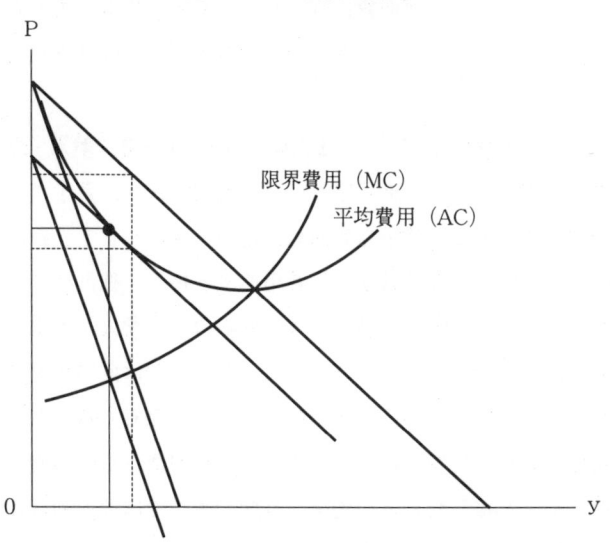

図6－4　独占的競争

(3)　独占的競争市場下における生産者の短期の超過利潤と長期の超過利潤

を図示しなさい。
(4) 完全競争市場下と独占的競争市場下における長期均衡における産出量のちがいを説明しなさい。

《解答＆解答の解説》

(1) 独占的要因（製品差別化のために右下りの需要曲線に直面しています）と完全競争的要因（参入・退出の自由があり，マーケットシェアは小さい）が混在している状態は「独占的競争」と呼ばれています。独占的競争は，同質ではないが，密接な代替関係にある財（差別化された財：ブランド商品）を多数の生産者（潜在的生産者）が生産する市場形態です。

(2) 最適産出量の決定

① 短期最適産出量は y^* です。「市場全体の需要量－ライバル生産者の供給量」は「残余需要量」と定義されます。独占的競争企業は，製品差別化のために右下りの残余需要曲線に直面しています。各生産者の直面している「残余需要曲線」は右下りであるので，各生産者は価格支配力をもっています。

② 長期最適産出量は y^{**} です。長期においては自由に参入・退出できるので，独占利潤がプラスである限り，新規参入が続き，ライバル生産者の供給量が増大するので，残余需要曲線は左へシフトします。独占的競争の長期均衡では，残余需要曲線が平均費用曲線と接し，独占利潤（超過利潤）はゼロになります。超過利潤はゼロであるので，参入・退出はなく，残余需要曲線はもはや左へシフトしません。各生産者は最適規模産出量以下の水準しか生産していないので，過剰生産設備を保有することになります。

(3) 残余需要曲線が平均費用曲線と接するまでの均衡（短期均衡）では超過利潤はプラスです。接したときの均衡（長期均衡）では独占利潤はゼロです。

(4) 完全競争市場下の長期均衡点は平均費用の最低点と一致しています。独占的競争市場の長期均衡下の産出量は平均費用の最低点より産出量は小さくな

ります。

図6-5 独占的競争

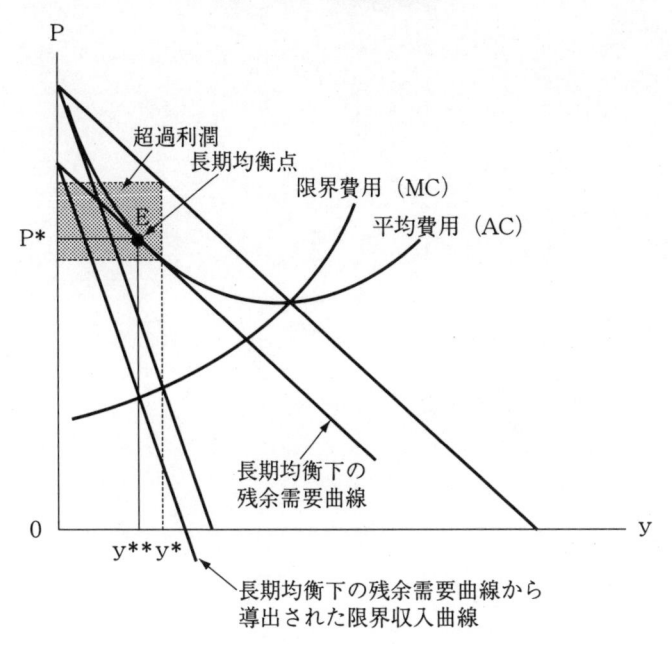

- 超過利潤
- 長期均衡点 E
- 限界費用（MC）
- 平均費用（AC）
- 長期均衡下の残余需要曲線
- 長期均衡下の残余需要曲線から導出された限界収入曲線

P*、y**、y*

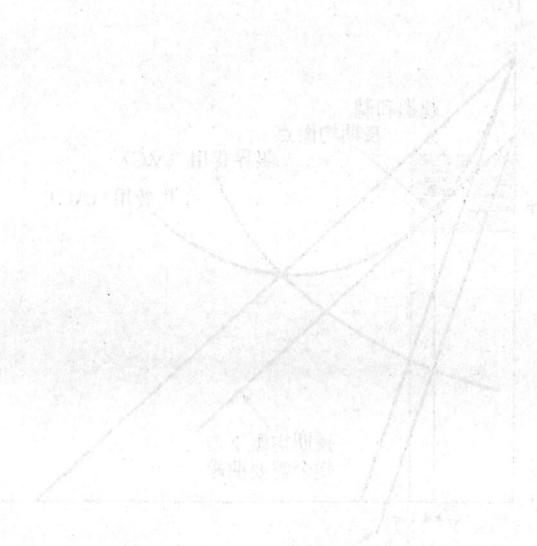

Chapter VII

市場の失敗

　市場メカニズムに任せておけば、効率的資源配分（社会的総余剰の最大化あるいはパレート最適）が達成されるのでしょうか。前提条件（凸性と普遍性）が満たされないと、市場（完全競争市場）は資源の効率的配分（パレート最適の達成）に失敗します。これが「市場の失敗」の意味です。市場の失敗の3つの事例（費用逓減、外部性、公共財）を理解しましょう。

I　費用逓減産業

　平均費用（AC）はU字型をしています。最適規模産出量が大きく、平均費用曲線が右下りの領域で生産が行われるような産業は「費用逓減産業」と呼ばれています。これらの産業はなぜ規制（公有化）されているのでしょうか。

問題7－1　費用逓減産業

　下図は費用逓減産業の直面している市場需要曲線（D），限界収入曲線（MR），平均費用曲線（AC），限界費用曲線（MC）を示しています。以下の問いに答えなさい。

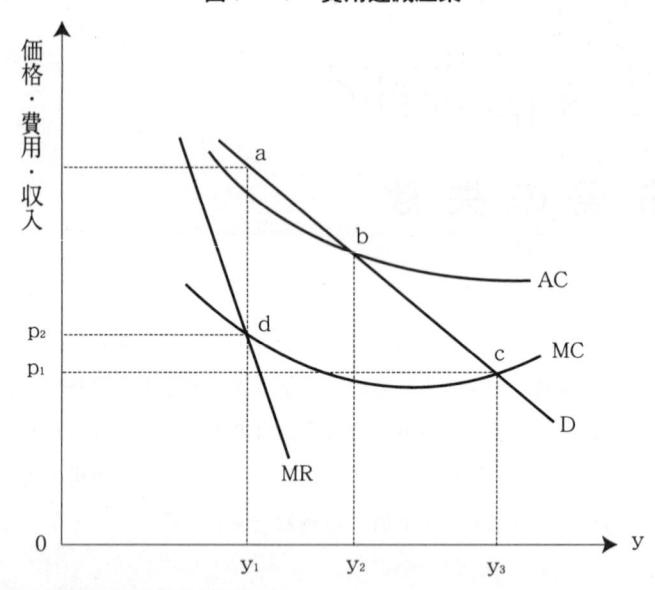

図7-1 費用逓減産業

(1) 費用逓減産業の例を挙げなさい。
(2) 平均費用逓減の原因を挙げなさい。
(3) 費用逓減産業はなぜ規制されているのですか。
(4) 費用逓減産業に対してはどのような価格規制が行われますか。

≪解答&解答の解説≫

(1) 費用逓減産業の例としては，ガス・電気・水道等の公益企業，鉄道・バス等の公益事業があります。
(2) 平均費用逓減の原因としては，次の2つがあります。
　① 規模に関して収穫逓増の生産技術
　② 固定費用の存在
(3) 費用逓減産業における生産者は独占者になり，「独占の弊害」をもたらすからです。
(4) 費用が逓減する領域が大きい産業（自然独占産業）では，単一の生産者に

よる独占的な供給が生産の効率性の点で望ましい。しかし，独占状態が望ましいといっても，それはあくまでも生産構造の効率性の点でいえることであって，独占供給者に価格支配力の行使を許してしまうようであれば，消費者余剰の逸失などの独占の弊害が生じます。

政府は費用逓減産業に対しては独占を認める一方で，次の2つのタイプの価格規制を行っています。

① 限界費用価格形成原理

限界費用曲線と市場需要曲線との交点（c点）に対応する価格を設定します。完全競争市場均衡下と同じように，「価格＝限界費用」であり，社会的総余剰を最大化します。しかし，価格＜平均費用であるので赤字が生じ，赤字を補塡する費用の分担が問題になります。

② 平均費用価格形成原理

平均費用曲線と市場需要曲線との交点（b点）に対応する価格を設定します。生産者の独立採算（利潤ゼロ）は可能になるが，厚生上の損失を発生させます。

問題7－2　費用逓減産業の価格設定原理

費用逓減産業としての公益企業が直面している市場需要関数，平均費用（AC）関数がそれぞれ次のように与えられています。

$P = 100 - y$　　　（逆市場需要関数）

$AC = 70 - 0.25y$　（平均費用関数）

以下の問いに答えなさい。

(1) 市場需要曲線，平均費用曲線，限界費用曲線を図示しなさい。
(2) 平均費用価格形成原理を用いると，価格はいくらに設定されますか。
(3) 限界費用価格形成原理を用いると，価格はいくらに設定されますか。
(4) 限界費用価格形成原理によって価格を設定したとき，公益企業の赤字をカバーしようと思えば，政府はいくらの補助金額を与えなければなりませんか。

(5) なぜ政府は上記の補助金を与えるのですか。

≪解答＆解答の解説≫

(1) $AC = \dfrac{TC}{y}$ であるので，総費用（TC）関数は，

$TC = AC \cdot y = (70 - 0.25y) \cdot y = 70y - 0.25y^2$

であり，限界費用関数は，

$MC = \dfrac{dTC}{dy} = 70 - 0.5y$

です。

図7－2　費用逓減産業の価格設定

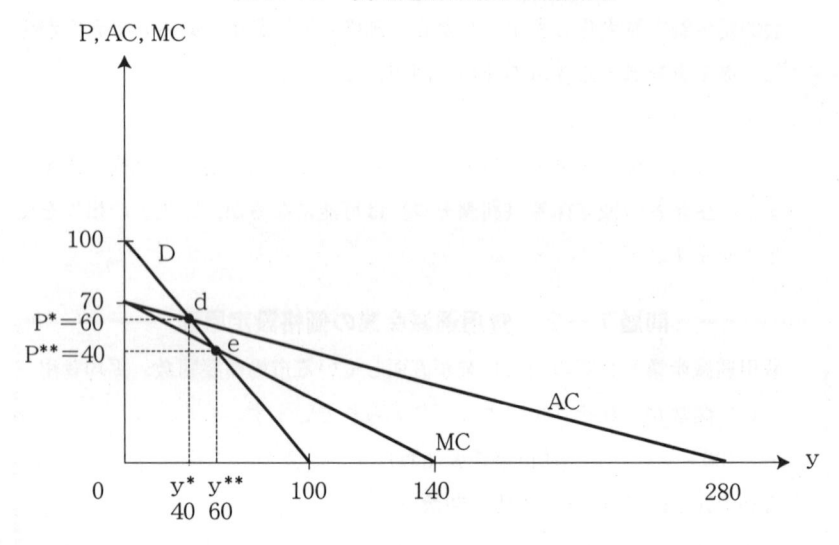

```
P, AC, MC
 │
100┤D
 70┤\ d
P*=60┤--\•
P**=40┤----\•e
        │   │       AC
        │   │    MC
 0└────┴───┴──────────────→ y
     y* y**  100  140        280
     40 60
```

(2) 平均費用価格形成原理においては，価格は平均費用曲線と市場需要曲線との交点に設定されます（P＝AC：価格＝平均費用）。

　　$P = 100 - y$

　　$AC = 70 - 0.25y$

であり，

　　$100 - y = 70 - 0.25y$　（価格＝平均費用）

より，

$y^* = 40$

が得られるので，

$P^* = AC^* = 70 - 0.25 y^* = 70 - 0.25 \times 40 = 60$ 答え

です。

(3) 限界費用価格形成原理においては，価格は限界費用曲線と市場需要曲線との交点に設定されます（$P = MC$：価格＝限界費用）。

$P = 100 - y$

$MC = 70 - 0.5 y$

であり，

$100 - y = 70 - 0.5 y$ （価格＝限界費用）

より，

$y^{**} = 60$

が得られるので，

$P^{**} = MC^{**} = 70 - 0.5 y^{**} = 70 - 0.5 \times 60 = 40$ 答え

です。

(4) この公益企業の利潤は，

$\pi^{**} = P^{**} y^{**} - C(y^{**}) = P^{**} y^{**} - (70 y^{**} - 0.25 y^{**2})$

$= 40 \times 60 - (70 \times 60 - 0.25 \times 60^2)$

$= 2,400 - (4,200 - 900) = -900$

であるので，政府の補助金額は900 答え

です。

(5) 公益企業は900の赤字ですが，もしそのために生産を停止すると，$(100-40) \times 60 \times \dfrac{1}{2} = 1,800$の大きさの消費者余剰が失われます。政府は消費者から900の税金をとって，公益企業に900の補助金を与えれば，消費者は900の消費者余剰を得ることができます。「消費者余剰＞負の超過利潤の補償（1,800 ＞900）」である限り，操業停止はパレート最適ではありません。

【知っておきましょう】「平均費用逓減による市場の失敗」を補正する手段

「平均費用逓減による市場の失敗」を補正する手段として，次の2つが考えられます。

(1) 平均費用逓減企業の公有化
　　平均費用逓減の公有企業は負の超過利潤下での操業を行います。
(2) 平均費用逓減企業に対する補助金
　　政府が平均費用逓減企業に対して負の超過利潤の大きさの補助金を与えて，操業を続けさせます。

II　外部性

ある経済主体の行動が他の経済主体に市場を経由しないでマイナスの影響を与えることは「外部不経済」，プラスの影響を与えることは「外部経済」とそれぞれ呼ばれています。外部不経済と外部経済は合わせて「外部性」と呼ばれています。ある経済主体としては消費者と生産者が考えられます。したがって，消費者間の外部性（庭園の花），消費者と生産者の間の外部性（騒音），生産者間の外部性（ダイオキシン汚染）が考えられます。

外部性（外部不経済と外部経済）による市場の失敗を理解しましょう。社会的費用と私的費用の区別，社会的便益と私的便益の区別，私的均衡と社会的均衡のちがいを図示しながら理解しましょう。市場の失敗の補正手段としての分権的解決（合併，交渉），集権的解決（ピグーの課税・補助金政策）を理解しましょう。

問題7－3　外部性

(1) 下図は外部不経済がある場合の私的均衡（E点）と社会的均衡（E′点）を表しています。私的均衡と社会的均衡それぞれにおける社会的総余剰の大きさを求めなさい。

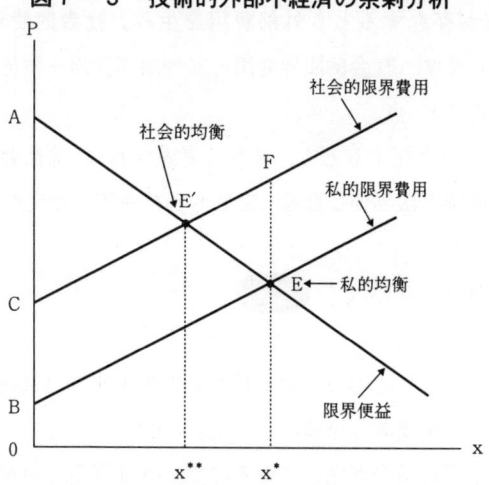

図7－3 技術的外部不経済の余剰分析

(2) 下図は外部経済がある場合の私的均衡（E点）と社会的均衡（E′点）を表しています。私的均衡と社会的均衡それぞれにおける社会的総余剰の大きさを求めなさい。

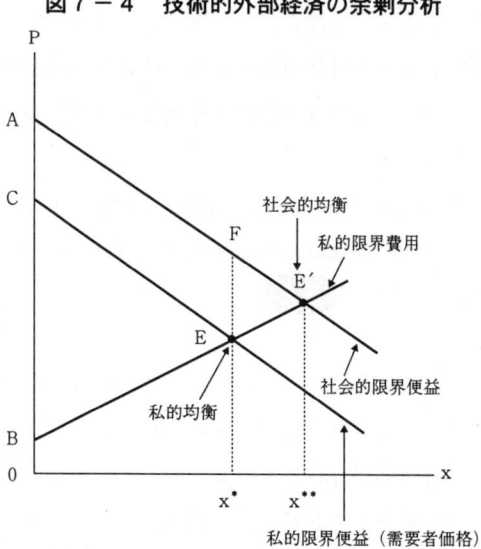

図7－4 技術的外部経済の余剰分析

≪解答＆解答の解説≫

(1) 外部不経済が存在するとき外部費用を生み，社会的費用と私的費用のギャップが生じます（社会的限界費用＝私的限界費用＋限界外部費用）。

① 社会的均衡：E′点

外部不経済が存在するとき，それを考慮すれば，「社会的均衡」は社会的限界費用曲線と限界便益曲線（需要者価格曲線）の交点（E′点）によって決定されます。

社会的総余剰＝ＡE′Ｃ 答え

② 私的均衡：E点

完全競争市場「私的均衡」は，私的限界費用曲線（供給者価格曲線）と限界便益曲線（需要者価格曲線）の交点（E点）によって決定されます。しかし，外部不経済が存在しているので，外部費用を余剰から控除すると，

社会的総余剰＝ＡＥＢ－ＣＦＥＢ（外部不経済）
　　　　　　＝ＡE′Ｃ－E′ＦＥ 答え

になります。「E′ＦＥ＝死重的損失」であり，それは完全競争市場「私的均衡」が市場の失敗を引き起こしていることを意味しています。

(2) 外部経済が存在するとき外部便益を生み，社会的便益と私的便益のギャップが生じます（社会的限界便益＝私的限界便益＋限界外部便益）。

① 社会的均衡：E′点

外部経済が存在するとき，それを考慮すれば，「社会的均衡」は私的限界費用曲線と社会的限界便益曲線の交点（E′点）によって決定されます。

社会的総余剰＝ＡE′Ｂ 答え

② 私的均衡：E点

完全競争市場「私的均衡」は，私的限界費用曲線（供給者価格曲線）と私的限界便益曲線（需要者価格曲線）の交点（E点）によって決定されます。しかし，外部経済が存在しているので，外部便益を余剰に加算すると，

社会的総余剰＝ＣＥＢ＋ＡＦＥＣ（外部経済）
　　　　　　＝ＡＦＥＢ＝ＡE′Ｂ－ＦE′Ｅ 答え

になります。「FE′E＝死重的損失」であり，それは完全競争市場「私的均衡」が市場の失敗を引き起こしていることを意味しています。

> 【知っておきましょう】　外部経済と限界費用
> 　外部経済を社会的限界費用（＜私的限界費用）によって解釈することも可能です。

> 【知っておきましょう】　外部性と生産者の過剰生産・消費者の過少需要
> 　外部不経済・外部費用が存在するとき，完全競争市場「私的均衡」では，生産者の過剰生産（x^*-x^{**}）が生じています。外部経済・外部便益が存在するとき，消費者の過少需要（$x^{**}-x^*$）が生じています。

―― 問題7－4　外部不経済とピグー税 ――

消費者と生産者の間の外部不経済（例えば，公害問題）を考えます。市場需要関数，市場供給関数がそれぞれ次のように与えられています。

　　$D=1,000-10P$　（市場需要関数）

　　$S=-200+20P$　（市場供給関数）

生産者によってもたらされる限界損失（限界外部費用）をMLとし，

　　$ML=\dfrac{1}{10}x$

と定式化されています。以下の問いに答えなさい。

(1) 私的限界費用曲線，社会的限界費用曲線，限界便益曲線を図示しなさい。

(2) 完全競争市場私的均衡で成立する均衡取引量（x^*），均衡価格（P^*）を求めなさい。

(3) 社会的に最適と考えられる取引量（x^{**}）および，そのときの社会的総余剰を求めなさい。

(4) 政府は当該生産者に対する従量税（t）によって，x^{**}を達成したい

と考えています。1単位の生産について，いくら課税すればよいのでしょうか。

(5) このような税金は何と呼ばれていますか。

≪解答＆解答の解説≫

(1) $S=-200+20P$ より，

$P^S=10+\dfrac{1}{20}S=10+\dfrac{1}{20}x$

を得ることができますが，これは「私的限界費用（PMC）」関数です。社会的限界費用（SMC）関数は，

$SMC=PMC+ML=(10+\dfrac{1}{20}x)+\dfrac{1}{10}x$
$=10+\dfrac{3}{20}x$

です。外部性の問題を取り上げるときには，市場需要関数は限界便益曲線と呼ばれることがあります。

図7-5 外部不経済とピグー税

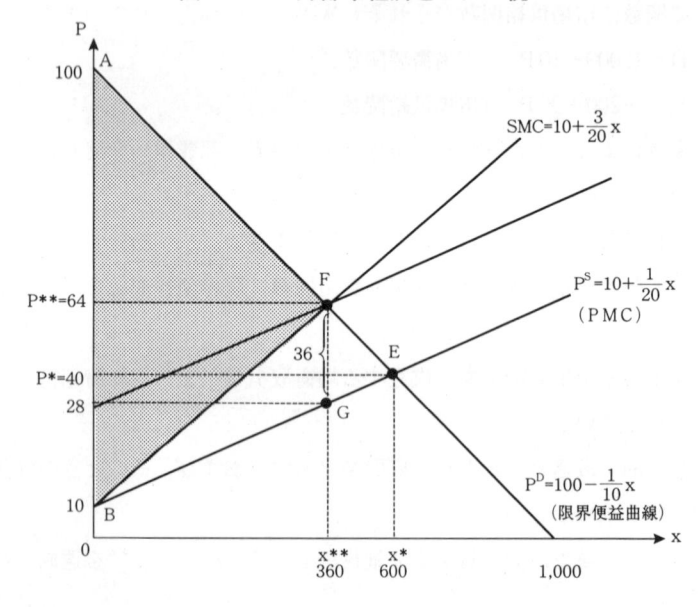

Chapter Ⅶ 市場の失敗

(2) 完全競争市場私的均衡下では，生産者は外部不経済を考慮に入れて行動しません。完全競争市場における需給均衡条件式はD＝S（需要＝供給）であるので，

$1{,}000 - 10P = -200 + 20P$ （需要＝供給）

です。したがって，

$P^* = 40$ （**答え**：均衡価格）

$x^* (= D^* = S^*) = 600$ （**答え**：均衡取引量）

(3) 社会的に最適と考えられる取引量は「社会的限界費用（SMC）」曲線と市場需要曲線（私的限界便益曲線）の交点によって決定されます。市場需要関数 $D = 1{,}000 - 10P$ より，

$P^D = 100 - \dfrac{1}{10} x$ （私的限界便益関数）

を得ることができます。

$\text{SMC} = \text{PMC} + \text{ML} = (10 + \dfrac{1}{20} x) + \dfrac{1}{10} x$

$= 10 + \dfrac{3}{20} x$ （社会的限界費用関数）

$P^D = 100 - \dfrac{1}{10} x$ （逆市場需要関数あるいは私的限界便益関数）

であるので，財の社会的に最適と考えられる取引量は，

$100 - \dfrac{1}{10} x = 10 + \dfrac{3}{20} x$ （$P^D = \text{SMC}$）

より，

$x^{**} = 360$ （財の社会的に最適と考えられる取引量）

です。社会的総余剰は図の△ABFであるので，

$\triangle \text{ABF} = (100 - 10) \times 360 \times \dfrac{1}{2} = 16{,}200$ **答え**

です。

(4) 図のFGです。それは財の社会的に最適と考えられる取引量において評価した，社会的限界費用と私的限界費用の差です。

$t = P^{**} - P^S(x^{**}) = 64 - (10 + \dfrac{1}{20} x^{**})$

$= 64 - (10 + \dfrac{1}{20} 360) = 36$ **答え**

(5) これは「ピグー課税」**答え** と呼ばれているものです。民間レベルでの自

発的交渉による解決が困難である場合には，政府が市場に介入し，効率的な資源配分を実現する政策（ピグーの課税・補助金政策）を行うことが必要になります。政府は外部不経済を与えている生産者に対して，産出量1単位当たり社会的均衡での限界外部費用（限界損害）の大きさに等しい金額（従量税）を課します。この課税によって，外部不経済を与えている生産者の私的限界費用曲線は上方へシフトします。私的均衡が社会的均衡に一致するようになります。

政府は外部経済を与えている生産者に対して，産出量1単位当たり社会的均衡での限界外部便益の大きさに等しい金額（従量補助金）を与えます。この補助金によって，外部経済を与えている生産者の私的限界費用曲線は下方へシフトします。私的均衡が社会的均衡に一致するようになります。

【知っておきましょう】「外部性による市場の失敗」の補正

(1) 分権的解決（合併，交渉）

① 合併

外部性の発生者とその影響を受けるものが合併すれば，市場の外にあったものを単一の意思決定主体の合理的行動の中に取り入れることができ，「市場の失敗」を補正できます。

② 当事者間の交渉

交渉による解決は，被害者に社会的費用を支払うことで，外部不経済の内部化を行い，私的最適のもとで社会的最適を実現します。交渉による解決は，加害者に社会的費用を支払うことで，外部不経済の内部化を行い，私的最適のもとで社会的最適を実現します。外部性による市場の失敗を補正するために，加害者が被害者を補償することと，被害者が加害者を補償することとは資源配分の観点からは同じことです。したがって，権利の所在がどちらにあろうと，最適な資源配分がそれによって影響を受けることはありません。これは「コースの定理」と呼ばれています。

(2) 集権的解決（課税，補助金）

Ⅲ 公 共 財

財には次の4種類があります。
① 純粋公共財（国防，警察）
　非競合性と非排除性をもつ財は「純粋公共財」と呼ばれています。
② 純粋私的財（自動車）
　競合性と排除性をもつ財は「純粋私的財」と呼ばれています。
③ メリット財（学校給食，教科書の無償供与）
　競合性と非排除性をもつ財は「メリット財」（準公共財）と呼ばれています。
④ クラブ財（有線放送）
　非競合性と排除性をもつ財は「クラブ財」（準公共財）と呼ばれています。
「公共財」の基本問題は，公共財の最適供給量の決定と費用負担比率の決定の2つです。

問題7－5　公 共 財

次の文章を読んで，以下の問いに答えなさい。
「社会的に必要な財であっても，その供給によって利潤を得ることが不可能，もしくは望ましくない財ならば，市場メカニズムに頼ることができない。公共財とはそのような財であり，
　① 非競合性（消費の集団性・等量消費）
　② 非排除性（排除不可能性）
という2つの理論的性質によって特徴づけられる財である。」
(1) 非競合性（消費の集団性・等量消費）を説明しなさい。
(2) 非排除性（排除不可能性）を説明しなさい。

(3) 「非競合性の性質をもつ財は,プラスの価格をつけて供給するべきでない」といわれています。この理由を「消費者の増加による追加的費用」という言葉を用いて説明しなさい。

(4) 「非排除性の性質をもつ財は,プラスの価格をつけて供給することは不可能である」といわれています。この理由を「フリーライダー」という言葉を用いて説明しなさい。

≪解答＆解答の解説≫

(1) 貴方が消費しても,私の消費できる量が変わらない財の性質は「非競合性・消費の集団性・等量消費」と呼ばれています。

(2) 対価を支払わない特定の消費者の消費を排除することができない財の性質は「非排除性・排除不可能性」と呼ばれています。

(3) 消費者の増加による追加的費用はゼロであるので,利用者の増加は便益のみを増加させます。ですから,プラスの価格をつけて利用者数を制限する必要はありません。

(4) 対価を支払わずに利用しようとするフリーライダーを排除できないので,供給と引き換えにプラスの価格を要求する,という供給方法は不可能です。

問題7−6　公共財の最適供給とリンダール・メカニズム

3人の個人A,B,Cが政府から公共財の供給を受ける状況を考えます。公共財の量を x として,3人の公共財に対する逆需要関数がそれぞれ次のように定式化されています。

$P^D_A = 30 - 2x$

$P^D_B = 10 - x$

$P^D_C = 20 - 2x$

政府の公共財生産の総費用関数は $C = \dfrac{5}{2} x^2$ で与えられています。以下の問いに答えなさい。

(1) 公共財の最適供給量（x^*）を求めなさい。
(2) リンダール・メカニズムに基づいて費用負担を決めるとき，3人の個人A，B，Cの公共財1単位当たりの費用負担額を求めなさい。

≪解答＆解答の解説≫

(1) 3人の公共財に対する逆需要関数（需要者価格関数）は公共財に対する私的限界便益関数と考えることができます。公共財の「等量消費性(非競合性)」に着目すると，社会的限界便益（SMB）関数は，3人の公共財に対する私的限界便益関数の垂直和として求められます。

すなわち，

SMB＝$(30-2x)+(10-x)+(20-2x)=60-5x$
$\qquad\qquad\qquad\qquad\qquad\qquad$（$0\leq x\leq 10$のとき）

SMB＝$30-2x$ $\qquad\qquad\qquad$（$10\leq x\leq 15$のとき）

です。

公共財生産の総費用関数$C=\dfrac{5}{2}x^2$より，公共財生産の限界費用関数
MC＝$5x$　（公共財生産の限界費用関数）

を得ることができます。

公共財の最適供給条件式SMB＝MCより，

$60-5x=5x$ 　（私的限界便益＝限界費用）

であるので，

$x^*=6$ 　（**答え**：公共財の最適供給量）

です。

(2) リンダール・メカニズム均衡下では，3人の個人A，B，Cは，$x^*=6$の下における私的限界便益の割合で，限界費用（MC＝$5x^*$＝30）を負担します。

$P^D_A{}^*=30-2x^*=18$ 　（**答え**：Aの費用負担額）

$P^D_B{}^*=10-x^*=4$ 　（**答え**：Bの費用負担額）

$P^D{}_C{}^* = 20 - 2x^* = 8$ （**答え**：Ｃの費用負担額）

図7－6　公共財の最適供給とリンダール・メカニズム

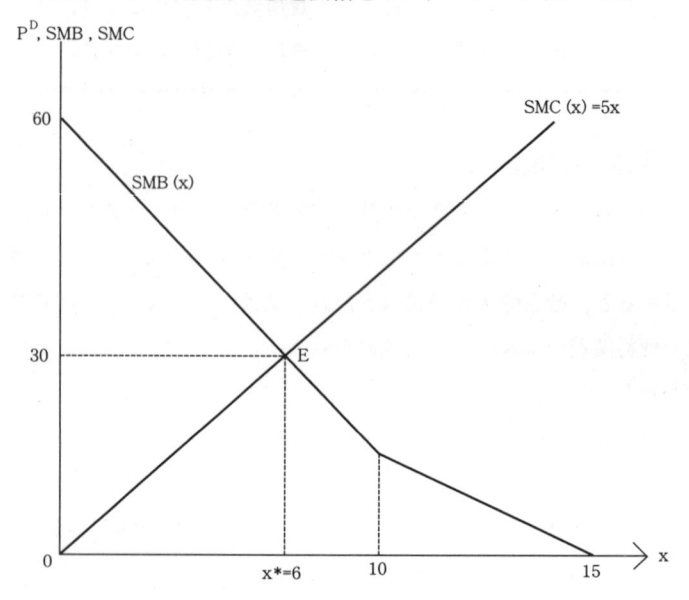

Chapter VIII

不確実性の経済学

　何が，どれだけの確率で生じているのかを図式化することが問題を解く出発点です。次のものを理解しましょう。
① 数学的期待値と期待効用のちがい
② 期待効用定理
③ リスクに対する3つの態度（危険回避，危険愛好，危険中立）

■ 問題8－1　宝くじと期待効用定理 ■

　確率πで賞金x_1を，確率$(1-\pi)$で賞金x_2をもたらす宝くじaは，
$$a = [x ; \pi] = [x_1, x_2 ; \pi, (1-\pi)]$$
で表すことができます。不確実性の経済学で取り扱う「宝くじ」の例示として，安全資産（貨幣）と危険資産（株式）を取り上げます。貨幣については，期首時点の100万円は，確率1で期末時点には100万円になります。株式については，期首時点の100万円は，期末時点には，確率0.5で120万円（株価上昇），確率0.5で80万円（株価下落）になります。以下の問いに答えなさい。

(1) 2つの宝くじ（安全資産と危険資産）をそれぞれa^1，a^2として，安全資産と危険資産を$a = [x ; \pi] = [x_1, x_2 ; \pi, (1-\pi)]$の形で表しなさい。

(2) ある個人の効用関数は$u = u(x)$で与えられています。2つの資産の期待値と期待効用を求めなさい。

(3) 期待効用定理を説明しなさい。

≪解答＆解答の解説≫
(1) 不確実性の経済学では，「宝くじ」を以下のように，何が，どれだけの確率で生じているのかをまず図式化することが問題を解く出発点です。
　① 安全資産（貨幣）
　　　期首時点の100万円－（確率１）→期末時点の100万円
　② 危険資産（株式）

　　　期首時点の100万円 ⟨ （確率0.5）→期末時点の120万円（株価上昇）
　　　　　　　　　　　　 （確率0.5）→期末時点の80万円（株価下落）

　２つの宝くじ（安全資産と危険資産）は次のように記述されます。
　　安全資産＝ $a^1 = [x^1 ; \pi^1] = [100 ; 1]$ 　答え
　　危険資産＝ $a^2 = [x^2 ; \pi^2] = [x^2{}_1, x^2{}_2 ; \pi^2{}_1, \pi^2{}_2]$
　　　　　　　　　　　　＝ $[120, 80 ; 0.5, 0.5]$ 　答え

(2) ある個人の効用関数は $u = u(x)$ で与えられています。
　① ２つの資産の期待値は，
　　$E[x] \equiv \Sigma \pi_s x_s$ 　（期待値の定義）
　で定義されています。
　　$E[x^1] = 1 \times 100 = 100$ 　答え
　　$E[x^2] = 0.5 \times 120 + 0.5 \times 80 = 100$ 　答え
　② ２つの資産の期待効用（効用の数学的期待値）は，
　　$E[u(x)] = \Sigma \pi_s u(x_s)$ 　（期待効用の定義）
　で定義されています。
　　$E[u(x^1)] = 1 \times u(100)$ 　答え
　　$E[u(x^2)] = 0.5 \times u(120) + 0.5 \times u(80)$ 　答え

(3) 期待効用定理とは，いくつかの公理が満たされれば，「宝くじ」が期待効

用の大小で選択できることを意味しています。

すなわち，

$$a^1 > a^2 \Leftrightarrow \Sigma \pi_s^1 u(x_s) > \Sigma \pi_s^2 u(x_s)$$

です。⇔は同値の記号です。上記の効用関数$u(x_s)$はフォン・ノイマン＝モルゲンシュテルンの効用関数（VNM効用関数と略称）と呼ばれています。

問題8-2　リスクに対する態度とリスク回避度

不確実性下の選択（安全資産と危険資産の選択）は個人の「リスクに対する態度」に依存しています。VNM効用関数を$u = u(x)$とします。ここで，x＝期末時点の富の額です。以下の問いに答えなさい。

(1) 横軸にx，縦軸にuをとって，リスク回避者，リスク愛好者，リスク中立者の効用関数を図示しなさい。xの増大に伴い限界効用がどのように変化するのか説明しなさい。

(2) VNM効用関数$u = u(x)$が次のような形をしているとき，その個人はリスク回避者，リスク愛好者，リスク中立者のいずれですか。

① $u = e^x$
② $u = 2x$
③ $u = x^{\frac{4}{5}}$

≪解答＆解答の解説≫

(1) xの増大に伴い，限界効用（$u'(x) = \dfrac{du}{dx}$）はリスク回避者のとき逓減し，リスク愛好者のとき逓増します。リスク中立者のときは，xに関係なく限界効用は一定です。

図8−1　リスクに対する3つの態度（危険回避，危険愛好，危険中立）

リスク回避者

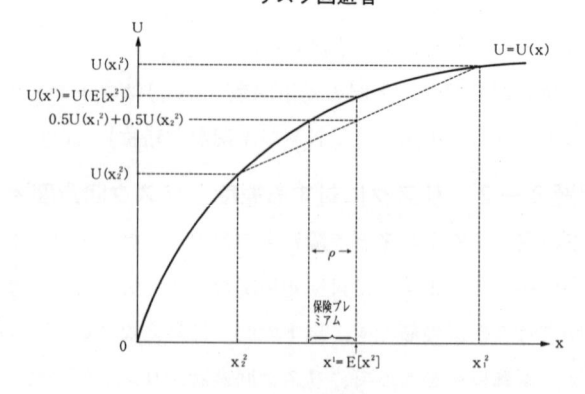

リスク愛好者

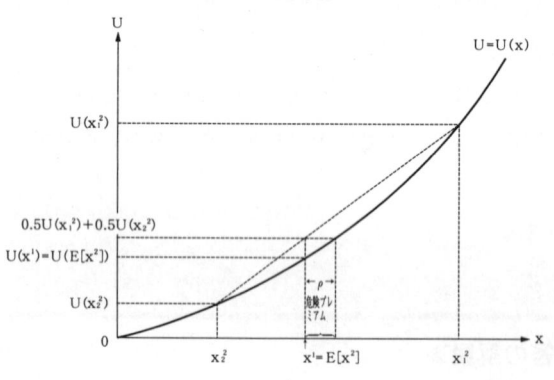

リスク中立者

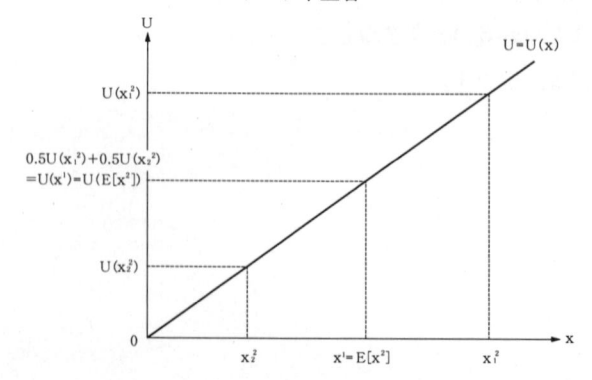

(2) リスク回避者,リスク愛好者,リスク中立者のいずれであるかは,効用関数の2次の導関数の符号（限界効用の変化）によって分かります。
① $u' = e^x$ 　　　　　$u'' = e^x > 0$ 　（リスク愛好）
② $u' = 2$ 　　　　　　$u'' = 0$ 　（リスク中立）
③ $u' = \frac{4}{5} x^{-\frac{1}{5}}$ 　　$u'' = -\frac{4}{25} x^{-\frac{6}{5}} < 0$ 　（リスク回避）

【知っておきましょう】　2次の導関数

上記で,
$u' = \dfrac{d}{dx} u = \dfrac{du}{dx}$ 　　（1次の導関数）
$u'' = \dfrac{d}{dx} \left(\dfrac{du}{dx} \right) = \dfrac{d^2 u}{dx^2}$ 　　（2次の導関数）
です。

問題8－3　資産選択論

安全資産（貨幣）と危険資産（株式）が次のように記述されています。
　安全資産＝$a^1 = [x^1 ; \pi^1] = [100 ; 1]$
　危険資産＝$a^2 = [x^2 ; \pi^2] = [x^2{}_1, x^2{}_2 ; \pi^2{}_1, \pi^2{}_2]$
　　　　　　　　　　$= [120, 80 ; 0.5, 0.5]$

以下の問いに答えなさい。
(1) 安全資産と危険資産の期待値（リターン）と分散（リスク）を求めなさい。
(2) 個人が安全資産と危険資産のいずれを選択するのかを説明しなさい。

≪解答＆解答の解説≫

(1) 期待値（リターン）と分散（リスク）
① 2つの資産の期待値は,$E[x] = \Sigma \pi_s x_s$ で定義されています。
　　$E[x^1] = 1 \times 100 = 100$ 　**答え**
　　$E[x^2] = 0.5 \times 120 + 0.5 \times 80 = 100$ 　**答え**
② 2つの資産の分散は,$Var(x) = \Sigma \pi_s (x - E[x])^2$ で定義されていま

す。

$\mathrm{Var}(x^1) = 1 \times (100-100)^2 = 0$

$\mathrm{Var}(x^2) = 0.5 \times (120-100)^2 + 0.5 \times (80-100)^2 > 0$

2つの資産のリターン（期待値）は100で同一であるが，両資産のリスク（分散）は異なっています。

(2) 個人は期待効用の大小を評価基準として，2つの資産の間の選択を行います。選択は個人のリスクに対する態度に依存しています。

① リスク回避者

$E[u(x^2)] < E[u(x^1)]$ （株式の期待効用＜貨幣の期待効用）

であるので，安全資産を選択します。リターンが同じであれば，リスクの小さい資産を好みます。リスク回避者は大儲けができるチャンスがあっても，大損する可能性があれば，そのような資産を選ばない個人です。

② リスク愛好者

$E[u(x^2)] > E[u(x^1)]$ （株式の期待効用＞貨幣の期待効用）

であるので，危険資産を選択します。リターンが同じであれば，リスクの大きい資産を好みます。リスク愛好者は大損を覚悟の上で，大儲けにかける個人です。

③ リスク中立者

$E[u(x^2)] = E[u(x^1)]$ （株式の期待効用＝貨幣の期待効用）

であるので，安全資産と危険資産は無差別です。リスク中立者は資産のリターンの大きさだけに関心をもち，リスクの程度には無関心です。

＜著者紹介＞

滝川 好夫（たきがわ・よしお）

1953年	兵庫県に生れる
1978年	神戸大学大学院経済学研究科博士前期課程修了
1980～82年	アメリカ合衆国エール大学大学院
1993～94年	カナダブリティシュ・コロンビア大学客員研究員
現　在	神戸大学大学院経済学研究科教授
	（金融経済論、金融機構論）
主　著	『現代金融経済論の基本問題－貨幣・信用の作用と銀行の役割－』1997年7月（勁草書房）、『経済記事の要点がスラスラ読める「経済図表・用語」早わかり』2002年12月（PHP文庫）、『EViewsで計量経済学入門』（共著）2004年3月、『超入門 パソコンでレポートを書く』（共著）2004年12月、『経済学のためのExcel入門－図表作成と計量分析のテクニック』（共著）2006年1月、『郵政民営化の金融社会学』2006年1月、『EViewsで計量経済学入門 第2版』（共著）2006年7月（以上、日本評論社）、『金融モデル実用の基礎：Excelで学ぶファイナンス4』（共著）2006年10月（金融財政事情研究会）、『ミクロ経済学の要点整理』1999年3月、『マクロ経済学の要点整理』1999年4月、『経済学の要点整理』2000年1月、『経済学計算問題の楽々攻略法』2000年6月、『経済学の楽々問題演習』2000年10月、『文系学生のための数学・統計学・資料解釈のテクニック』2002年6月、『ケインズなら日本経済をどう再生する』2003年6月、『アピールできるレポート／論文はこう書く－レポートから学術論文まで－』2004年10月、『リレーションシップ・バンキングの経済分析』2007年2月、『マクロ経済学の楽々問題演習』2007年2月（以上、税務経理協会）

著者との契約により検印省略

平成19年2月1日　初版1刷発行

ミクロ経済学の楽々（らくらく）問題演習

著　者	滝　川　好　夫
発行者	大　坪　嘉　春
印刷所	税経印刷株式会社
製本所	株式会社　三森製本所

発行所　東京都新宿区下落合2丁目5番13号　株式会社 税務経理協会

郵便番号 161-0033　振替 00190-2-187408　電話(03)3953-3301(大代表)
FAX(03)3565-3391　(03)3953-3325(営業代表)
URL http://www.zeikei.co.jp/
乱丁・落丁の場合はお取替えいたします。

© 滝川好夫 2007　　　　　　　Printed in Japan

本書の内容の一部又は全部を無断で複写複製（コピー）することは、法律で認められた場合を除き、著者及び出版社の権利侵害となりますので、コピーの必要がある場合は、予め当社あて許諾を求めて下さい。

ISBN978-4-419-04875-4　C2033